大学生
创新创业指导

高素质技术人才培养规划教材

主　编：谢剑虹
副主编：韩燕平　徐进军　黄德斌　夏瑾仟
编　委：李俊才　梁　桦　熊　雯　伍建军
　　　　刘翠屏　郑佩其　唐紫微

湖南人民出版社
·长沙·

前　言

本教材的编写是以国务院办公厅印发的《关于深化高等学校创新创业教育改革的实施意见》（国办发〔2015〕36 号）和教育部发布的《关于职业院校专业人才培养方案制订与实施工作的指导意见》（教职成〔2019〕13 号）等文件精神为依据，面向高职院校学生，以培养学生创新创业意识，激发学生创新创业动力，指导学生创新创业实践为目标。本书为"高素质技术人才培养公共课程规划教材"中的一种，本书立足高职学生的实际，对大学生创新创业的基本知识、基本理论、实务操作进行了系统分析和全面讲解，本书共分为十章，包括创新创业导论、创新思维与方法、大学生创业与创业政策、创业者的素质与能力、创业机会与风险防范、商业模式与创业计划书、创业资源、创业团队、新企业的创办与管理、"互联网+"创业等内容。

《大学生创新创业指导》从创新创业意识、创新创业精神的培养到如何进行创新创业、如何创办企业、如何促进企业生存发展，进行了较为全面、科学的阐述。在编写过程中，编者坚持理论与实践相融合，基本知识与案例分析相融合，既有创新创业的基本理论、基本知识，又有相关操作流程；既有诸多知名企业家创新创业的宝贵经验和方法，又有不少大学生创业者的实战范例。《大学生创新创业指导》知识面广，案例新颖，应用性强，读后令人耳目一新、获益匪浅。其不仅对于大学生的成长成才有较强的教育意义，而且对于准备创新创业的大学生甚至社会各界人士皆有较强的指导作用，是一本含金量较高的创新创业宝典。

教材在编写过程中，参考了国内外同行专家的许多文献资料和研究成果，在此向有关作者表示衷心的感谢。韩燕平、徐进军、黄德斌、夏瑾仟担任本书的副主编，参与编写人员有熊雯、伍建军、刘翠屏、郑佩其、唐紫微等。

由于编写团队知识有限，实践探索不足，书中难免会出现疏漏或不足之处，恳请广大师生和读者能够批评指正，以期将来在修订时更趋完善。

编　者

目　录
CONTENTS

第一章 创新创业导论 ·· 001
　　第一节　创新概述 ·· 003
　　第二节　创业概述 ·· 010
　　第三节　创新意识与创业精神 ·· 016
　　第四节　当今创业的时代背景 ·· 023

第二章 创新思维与方法 ·· 033
　　第一节　创新过程 ·· 035
　　第二节　创新思维 ·· 038
　　第三节　创新方法 ·· 042

第三章 大学生创业与创业政策 ·· 055
　　第一节　创业的一般过程 ·· 057
　　第二节　大学生创业政策 ·· 062

第四章 创业者的素质与能力 ·· 069
　　第一节　创业者概述 ··· 071
　　第二节　创业者的素质 ··· 072
　　第三节　创业者的能力 ··· 077

第五章　创业机会与风险防范 ································· 087
第一节　创业机会评估与把握 ································· 089
第二节　创业项目的选择 ····································· 102
第三节　创业风险识别与防范 ································· 107

第六章　商业模式与创业计划书 ····························· 119
第一节　商业模式概述 ······································· 121
第二节　大学生创业商业模式选择 ····························· 132
第三节　初识创业计划与创业计划书 ··························· 136
第四节　编制创业计划书 ····································· 141

第七章　创业资源 ··· 151
第一节　创业资源概述 ······································· 153
第二节　创业资源的获取 ····································· 157
第三节　创业融资 ··· 161
第四节　创业资源的管理 ····································· 167

第八章　创业团队 ··· 175
第一节　创业团队概述 ······································· 177
第二节　创业团队组建 ······································· 182
第三节　创业团队管理 ······································· 186
第四节　创业团队常见问题与解决方法 ························· 192

第九章　新企业的创办与管理 ·· 201
　　第一节　企业的组织形式 ··· 203
　　第二节　创办企业的准备 ··· 208
　　第三节　企业注册登记流程 ··· 218
　　第四节　新企业的生存管理 ··· 226

第十章　"互联网+"创业 ··· 235
　　第一节　"互联网+"概述 ··· 237
　　第二节　"互联网+"重大产业趋势 ··· 242
　　第三节　互联网创业成败因素 ··· 248
　　第四节　大学生互联网创业 ··· 252

参考文献 ··· 258

第一章
创新创业导论

学习目标

知识目标：

通过本章的学习，了解创新创业的概念，理解创业与创业精神的关系、创业与人生发展的关系，理解创业和创业精神在当今时代背景下的意义和价值，能够正确认识并理性对待创业。

思政目标：

1. 通过对多种类型创新创业的了解，理解任何事物都存在多面性，学会尽可能全面地看待事物。

2. 通过对创新创业的了解，理解创新创业对国家和民族的重要作用。

第一节　创新概述

本节导读：

什么是创新，创新包含哪些内容，创新需要遵循哪些原则，这些都是我们在准备创新之前必须思考的问题。本节正是从这些问题入手，为你打开创新之门，为后续的创新学习奠定基础。希望学习者通过本节内容的学习，了解创新的内涵，认识创新的特征，熟悉创新的内容，掌握创新的基本原则。

一、创新的认知

（一）创新的内涵

创新，作为一个经济学概念，由奥地利经济学家熊彼特首次提出。

熊彼特在其著作中提出：创新是指把一种从未有过的生产要素和生产条件的"新结合"引入生产体系。它包括五种情况：引入一种新产品，引入一种新的生产方法，开辟一个新的市场，获得原材料或半成品的一种新的供应来源，实现企业新组织。

创新是创造新事物的过程，是利用现有的知识和物质，在特定的环境中，本着理想化需要或为满足社会需求，而改造旧的或创造新的事物、方法、元素、路径、环境，并能获得一定有益效果的行为。

（二）创新的特征

1. 新颖性：前所未有，与众不同。
2. 普遍性：存在于人类生活的每一个领域。
3. 超前性：需要站在一定的高度看问题，超越社会的一般认知，看得透、看得远。
4. 艰巨性：要敢为人先，在困境中前行。
5. 社会性：它起源于社会需要，又要满足社会需求，推动社会进步。
6. 实践性：创新依赖实践，要在实践中发现问题，萌发创新意识，又要在实践中对创新成果进行检验。

 经典案例

竖屏传播：快手短剧的颠覆与创新

根据《2022快手创作者生态报告》，截至2022年3月底，快手平台互关用户数量累计约188亿对，同比增长68.9%。这些可观的数据表明，以短视频平台为播出载体的网络短剧正以汹涌的势头蓬勃发展。由于智能手机终端的普及，适应手机观看体验的竖屏视频格式成了新的发展趋势。快手小剧场频道中的短剧95%都是以竖屏的方式呈现，给观众带来了不同的观剧体验。

1. 竖屏更符合移动终端设备格式，带来更为流畅的观剧体验

竖屏短剧在长宽比例上与手机一致，完全符合手机竖向播放呈现的状态。无须反复调整手机方向，竖屏格式画面就会将整个手机屏幕充满，带来了更为流畅的观剧体验。

2. 竖屏能够有效兼顾观众互动与沉浸式观看体验的满足

竖屏短剧能满足要求视频画面干净无遮挡的这类受众的观剧要求，能够让用户将关注点聚焦在视频中的剧情和人物本身，在浏览或进行评论的同时不会耽误观看视频。

3. 竖屏改变了传统的观看视角

相比横屏的长宽比拓展了横向空间，可以充分展现环境、空间和事物之间的位置关系及运动状态，竖屏因其拓展了竖向空间而压缩了横向比例，更适合展现人物特征及静态画面。

4. 跨平台的便捷追剧体验以及碎片化时间的有效利用

平台播放的短剧不仅是竖屏的播出格式，而且剧集时间特别短，可以最大限度地节约用户的时间和经济成本。社交平台联动打破了软件之间的壁垒，为用户利用碎片化时间追剧提供了便利。

二、创新的分类

（一）技术创新

技术创新是指企业应用创新的知识和新技术、新工艺，采用新的生产方式和经

营管理模式，提高产品质量，开发新的产品，提供新的服务，并实现市场价值。

党的十八大以来，我国科技事业取得累累硕果。化学、材料、物理、工程等学科整体水平明显提升，量子信息、干细胞、脑科学等方向实现重大突破。超级计算、大数据、区块链、智能技术等加快应用，推动人工智能、数字经济蓬勃发展。"天问一号"火星遨游、"羲和号"太阳探测、"嫦娥五号"九天摘月、"祖冲之号"量子行走等高技术取得新进展。移动支付、远程医疗、在线教育等新技术深刻改变生活方式，疫情防控应急科研攻关有力保障了人民生命健康。这些方面取得的成绩，生动诠释了"四个面向"（即面向世界科技前沿、面向经济主战场、面向国家重大需求、面向人民生命健康）的重要意义。

与此同时，我国科技领域仍然存在一些亟待解决的突出问题，如科技投入产出效益不高、战略科技力量统筹不够、区域科技创新发展不平衡，等等。面对我国经济社会发展和民生改善的迫切需要，面对日益激烈的国际竞争，社会各界要谨记"四个面向"，努力走出适合国情的创新路子，将创新驱动发展战略落实得更好。

（二）产品创新

产品创新是指创造某种新产品或对产品的功能进行创新。产品创新的结果是获得一种全新产品或改进产品。

其中，全新产品是指在市场上从未出现过的，通过新的发明创造，采用新的原理、新的结构、新的技术和新的材料而生产出来的产品。改进产品，是在技术原理没有重大变化的情况下，基于市场需要对现有产品进行功能上的扩展和技术上的改进所取得的成果。

（三）知识创新

知识创新是指通过科学研究，包括基础研究和应用研究，获得新的基础科学和技术科学知识的过程。知识创新的目的是追求新发现、探索新规律、创立新学说、创造新方法、积累新知识。知识创新是技术创新的基础，是新技术和新发明的源泉，是促进科技进步和经济增长的革命性力量。知识创新为人类认识世界、改造世界提供新理论和新方法，为人类文明进步和社会发展提供不竭动力。

吴文俊（1919—2017），数学家，中国科学院院士。他在遵循中国传统数学中几何代数化思想的基础上，成功实现了几何定理机器证明。20世纪80年代以后，吴文俊又把数学机器证明发展到有系统的、范围较广的实践应用中去，不再仅仅局限于数学，而是逐渐应用到许多不同的领域，包括若干高科技领域，其创立的"吴方法"具有广泛重要的应用价值。

他勇于站在全球数学交流和发展前沿,将所获奖金的一部分作为"数学与天文丝路基金"的启动经费,来资助青年数学研究者,鼓励更多学者从传统中汲取数学发展思想,从历史中激发研究灵感,以把握未来数学发展的新方向和新问题。

(四)服务创新

服务创新是指新的设想、新的技术手段转变成新的或者改进的服务方式,使潜在用户感受到不同于以往的崭新内容。服务创新能为用户提供以前没有的新颖服务。

服务创新应把握好以下几个方面:

(1)把注意力集中在对顾客期望的把握上;

(2)善待顾客的抱怨;

(3)服务要有弹性;

(4)企业员工比规则更重要;

(5)用超前的眼光进行推测创新;

(6)产品设计和体现的服务要与建立一揽子服务结合起来;

(7)把"有求必应"与主动服务结合起来;

(8)把无条件服务的宗旨与合理约束顾客期望的策略结合起来;

(9)把企业硬件建设与企业文化结合起来。

(五)管理创新

管理创新是指组织形成创造性思想并将其转换为有用的产品、服务或作业方法的过程,是企业把新的管理要素(如新的管理方法、管理手段、管理模式等)或要素组合引入企业管理系统以更有效地实现组织目标的活动。管理创新包括管理思想、管理理论、管理知识、管理方法、管理工具等的创新。

经典案例

小米的管理创新

小米集团上市以来进行了多次股权激励。2019年7月,小米成为最年轻的《财富》"世界500强"企业之一。为了表示对员工努力的感谢,公司向2万多名员工每人发放了1000股股票。这是小米覆盖面最广的一次员工激励。

2021年7月,小米向首批700名入选小米"青年工程师激励计划"的员工总计授予了 1604.2 万股小米股票。这 700 人的工作涉及研发、测试、产品管理、材料工艺、云计算、操作系统、影像调校、交互设计等众多领域。

几天后，小米宣布向技术专家、"新十年创业者计划"首批入选者、中高层管理者等 122 人授予 1.197 亿股小米股票。

2022 年 3 月 24 日，小米集团宣布了上市以来针对员工的最大一次激励计划。该激励计划显示，小米集团将向 4931 名员工授予约 1.749 亿股小米股票，其中包括小米创业者计划第二期入选员工以及其他优秀员工，并不包括高管。授出奖励当天的小米股票收市价为每股 14.78 港元。按此计算，此次小米奖励股份价值总额为 25.85 亿港元，约合每人 52.42 万港元。

（六）组织创新

组织创新是通过优化调整管理要素的配置结构来提高现有管理要素的效能，是一种组织变革形式。组织变革是不以人的意志为转移的客观过程。引起组织结构变革的因素通常包括外部环境的改变，组织自身成长的需要以及组织内部生产、技术、管理条件的变化，等等。实行组织变革，就是根据变化了的条件，对整个组织结构进行创新性设计与调整。组织创新的内容随着环境因子与组织管理需求发展方向等的变动而各不相同，一般涉及功能体系的变动、管理结构的变动、管理体制的变动、管理行为的变动。

三、创新的基本原则

创新原则就是开展创新活动所依据的法则和判断创新构思的有效性所凭借的标准。遵循创新的基本原则是开展创新活动的前提，是攀登创新云梯的基础。

（一）遵守科学原理原则

创新必须遵循科学技术的基本原理，不得有违科学发展的基本规律。为了使创新活动取得成功，在进行创新构思时，必须做到以下几点：

1. 对创新设想进行科学原理相容性检查

如果关于某一创新问题的初步设想，与人们已经发现并经实践证明的科学原理不相容，则不会产生最后的成果。与科学原理是否相容，是评估创新设想有无生命力的根本标准。

2. 对创新设想进行技术方法可行性检查

任何事物都不能离开现有条件的制约。如果设想所需要的条件超过现有技术方法可行性范围，则该设想目前还只能是一种空想。

3. 对创新设想进行功能方案合理性检查

任何创新的设想，在功能上都有所创新或有所增强。一项设想的功能体系是否合理，关系到该设想是否具有应用推广的价值。因此，必须对其合理性进行检查。

（二）市场评价原则

创新设想要获得最后的成果，必须经过市场评价。创新设想经受市场考验，实现商品化和市场化，要按市场评价的原则来分析。在进行市场评价时要把握好评价事物使用性能最基本的几个方面：

（1）解决问题的迫切程度；

（2）功能结构的优化程度；

（3）使用操作的可靠程度；

（4）维修保养的方便程度；

（5）美化生活的审美程度。

（三）相对较优原则

1. 从创新技术先进性上进行比较

可从创新设想或成果的技术先进性上进行分析比较，尤其是应将创新设想同解决同样问题的已有技术手段进行比较，看谁更领先和更超前。

2. 从创新经济合理性上进行比较

经济合理性也是评价一项创新成果的重要指标。要对各种创新设想或成果的可能经济情况进行比较，看谁更合理和更节省。

3. 从创新整体效果上进行比较

技术和经济应该相互支持、相互促进，它们的协调统一构成事物的整体效果。任何创新的设想和成果，其使用价值和创新水平主要是通过它的整体效果体现出来的。因此，要将其与同类产品等进行整体效果比较，看哪一种更全面和更优秀。

（四）机理简单原则

在科技竞争日趋激烈的今天，结构复杂、功能冗余、使用烦琐已成为技术不成熟的标志。因此，在创新的过程中，要始终贯彻机理简单原则。为使创新的设想或结果更符合机理简单原则，可进行如下检查：

（1）新事物所依据的原理是否重叠，超出应有范围；

（2）新事物所拥有的结构是否复杂，超出应有程度；

（3）新事物所具备的功能是否冗余，超出应有数量。

（五）构思独特原则

创新贵在"思维超常""构思独特"。在创新活动中，关于创新对象的构思是否独特，可以从以下几个方面来考察：

（1）创新构思的新颖性；

（2）创新构思的开创性；

（3）创新构思的特色性。

（六）不轻易否定、不简单比较原则

在分析评判各种产品创新方案时，应注意避免轻易否定的倾向。在飞机发明之前，科学界曾从"理论"上进行了否定的论证。这些不恰当的否定之所以出现是因为人们运用了错误的"理论"，而更多的不应该出现的错误否定，则是源自人们的武断，是给某项发明规定了若干用常规思维分析证明无法达到的技术细节的结果。

创新的广泛性和普遍性都源于创新具有的相容性。如市场上常见的钢笔、铅笔就互不排斥。而都是铅笔，也有木质杆的铅笔和金属或塑料杆的自动铅笔之分，它们之间也不存在排斥的问题。

总之，我们在尽量避免盲目地、过高地估计自己的设想的同时，要注意珍惜别人的创意和构想。简单地否定与批评是容易的，难得的是闪烁着希望之光的创新构想。

第二节 创业概述

本节导读：

什么是创业，创业包含哪些要素，创业有哪些形式，创业有哪些类型，创业能为个人带来哪些收益、需要个人付出哪些方面的努力，这些都是我们在确定创业之前必须思考的问题。希望学习者通过本节内容的学习，了解创业的概念、因素，认识创业的功能，了解不同类型创业的优劣势。

一、创业的认知

（一）创业的内涵

创业，在《现代汉语词典》里的定义是"创办事业"。学者们从不同角度对创业进行了定义，但我们认为确切的定义应该是：创业是不拘泥于当前资源约束，寻求机会进行价值创造的行为过程。广义的创业，顾名思义就是开创或者创建自己的事业。狭义的创业，人们通常认为就是开办一家企业。创业考验的是创业者的综合素质和创业精神。

（二）创业的功能

20世纪40年代，美国人本主义心理学家马斯洛提出了人类需求层次理论，把人的需求分成了从低到高的五个层次，如图1-1所示。

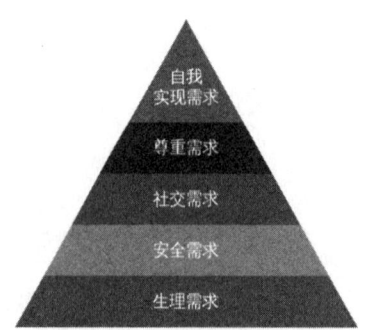

图1-1 人类需求层次

在这个理论中，马斯洛把"自我实现需求"看作是区别于其他四种需求的最高级别需求。自我实现，也可以叫作"实现自身价值"，是人类充分利用外在和内在条件，发挥自身潜力的心理需求，是一种要把人的潜力发挥到极致的根本欲望。而人们追求成功的动机，正是来源于"自我实现"的需求。

其实，创业的本质是一种生活方式。创业就是某个人或团队通过寻求机会、整合资源，创造价值、体现价值的过程。因此创业可以挖掘个人潜力，把自身优势发挥得淋漓尽致，从而体现自身价值。

二、创业的要素

"创业教育之父"蒂蒙斯认为创业有三个关键要素：创业机会、创业团队和创业资源。

（一）创业机会

创业机会是创业的核心驱动力，往往是一个新的市场需求，或者是一个需求大于供给的市场机会，或者是一个可以研发新产品的潜在市场，但通常这样的市场并非只有创业者能够认识到，其他的竞争者会很快加入竞争的行列，机会稍纵即逝。

（二）创业团队

创业团队并不是一群人的简单组合，而是一个特殊的群体。它要求团队成员能力互补，拥有共同的愿景和价值观，相互信任、自觉合作、积极努力，愿意为共同的目标奉献自己，发挥自己最大的潜能。

（三）创业资源

创业资源是指新创企业在创造价值的过程中需要的特定的资产，包括有形资产与无形资产。它是新创企业创立和运营的必要条件，主要表现形式为创业人才、创业资本、创业机会、创业技术和创业管理等。

三、创业的类型

随着创业范围的日益广泛，创业类型呈现出多样化的趋势。

（一）基于创业主体的分类

根据创业活动主体的不同，可划分为个体创业和公司创业。

1. 个体创业

主要指以个人或团队为行动主体开展的创业活动,创业主体是独立的,不隶属于任何其他企业或组织。个体创业属于个人行为,与其他组织无关,其目的是通过创建属于自己的企业把创业构想变为现实。

2. 公司创业

主要指在已有组织内部发起的创业活动。这种创业活动可以由组织自上而下发动,也可以由员工自下而上推动,但无论推动者是谁,公司内部员工都有机会通过主观努力参与其中,并在这种创业中获得报酬和得到锻炼。

个体创业与公司创业的主要差异如表1-1所示。

表1-1 个体创业和公司创业的主要差异

个体创业	公司创业
创业者拥有全部或大部分事业	创业者或许拥有公司的权益,但可能只是很小一部分
从理论上说,创业者的潜在回报是无限的	公司内创业者所能获得的潜在回报有限
创业者具有相对独立性	公司内部的创业者更多地受团队的牵制
在过程、试验和方向的改变上具有灵活性	公司内部的规则、程序和官僚体系会阻碍创业者的策略调整
决策迅速	决策周期长
不具备法人资格,创业者承担无限连带责任	具备法人资格,公司承担风险,有限责任公司承担有限连带责任
个体的一次失误可能意味着整个创业失败	公司拥有更多的容错空间,能够接受失败
至少在创业初期,存在有限的规模经济和范围经济	能够很快实现规模经济和范围经济
资源具有局限性	资源占优势
低保障,缺乏安全感	高保障,有一系列安全网
在创业主意上,可以沟通的人少	在创业主意上,可以沟通的人多
受外部环境波动的影响较大	受外部环境波动的影响较小
可定额征收增值税,缴纳个人所得税等	公司征税按实际收入征收,缴纳增值税、企业所得税等

(二)基于创业动机的分类

创业的动机多种多样,基于创业动机可以将创业分为生存型创业和机会型创业。

1. 生存型创业

所谓生存型创业,就是指创业者受生活所迫,出于没有其他更好的选择,把创业作为其不得不做出的选择,即不得不参与创业活动来克服其所面临的困难。生存型创业大多属于复制型和模仿型创业,创业项目多集中在餐饮、美容美发、商业零售、房地产经纪等比较容易进入的生活服务行业,一般规模较小,竞争比较激烈。对生存型创业者来说,要想做大做强,必须克服小富即安的惰性思想,善抓机遇,走机会型创业的道路。

2. 机会型创业

所谓机会型创业,就是指创业者基于实现自我价值的强烈愿望,在发现或创造新的市场机会下进行的创业活动。从事机会型创业的人通常不会选择自我雇用的形式,而是具有明确的创业梦想,把创业作为一种选择。

经典案例

"小米"创始人雷军抓住互联网机会

1. 勤奋好学,成为技术实力派

雷军,出生于湖北仙桃市的一个普通家庭。他从小就勤奋好学,读书很努力,也愿意吃苦,如愿考上了武汉大学的计算机系,仅用了两年时间就修完了所有的学分,之后把更多的时间都花在了电脑上。但学校里的电脑只有15台,无奈之下,雷军只得到武汉电子一条街上去"蹭",开始了计算机市场的闯荡之路。因为技术很好,他帮人做过加密软件、杀毒软件、财务软件等,一路下来,他和大多数电脑公司的老板都混成了熟人,在武汉电子一条街里还小有名气。

2. 第一次创业,三色公司举步维艰

在武汉电子一条街的经历令他收获颇丰。他在那里认识了后来的金山副总裁王全国。两人志同道合,仅仅两周的时间,Bitlok加密软件就从他们手中诞生,几家公司争相购买,他也因此赚到了人生中高达百万的"第一桶金"。

愈战愈勇的雷军,在受《硅谷之火》中创业故事的影响后,心里的火苗被瞬间点燃,经慎重思虑,他决定和朋友们一起创业成立三色公司,主要经营仿制金山汉卡、打字印刷、电脑销售等业务。但天不遂人愿,没多久就出现一家规模更大的公司,不仅盗版他们的产品,还把同样产品的量做得更大,价格也比他们低。他人生中的第一次创业在几经波折后以失败告终。

3. 重整旗鼓,金山软件再出发

22岁的他深感自己还太年轻,履历不够,经验不足。深思熟虑之后,他重振旗鼓,去了金山公司(现在的北京金山办公软件股份有限公司)。雷军在金山工作了整整16个年头，带领金山公司成功上市。虽做出了如此斐然的成绩，但他并没有就此停下脚步。他看到曾经是他下属的员工，个个创业逆袭做了互联网巨头，而他，快40岁了还是一事无成，感觉人生需要改变，于是辞去了金山CEO的职务。

4. 顺势而为，联合创办小米科技

离职后的雷军没有立刻做实体创业，而是做起了天使投资人，开始投资国内外各种软件公司。因为是理工男，他对手机和数码产品很感兴趣，经常捣鼓。

看到安卓和苹果的智能手机发布后，他随即意识到互联网的浪潮就要来了，他心里的某些种子也开始慢慢地生根发芽。

雷军凭着自己敏锐的洞察力，决定再一次开启自己的创业人生。他凭借自己在金山时积攒的人脉，与业界内知名人士联合创办了小米科技。小米科技只用了短短5年，便成为国内最成功的手机公司之一，年销量达6000多万台，国内几乎无人不知小米。

5. 再次创业，蜕变造车

如今，这个在互联网史上缔造过传奇的创业精英，开始了他人生中的又一次创业。在2021年3月份的小米发布会上，雷军说小米将会迎来新的蜕变，那就是造车。

雷军为这一次创业下了重注！他成立了全资子公司，负责智能电动汽车的业务，投资达100亿元人民币，有1080亿元人民币的储备资金做后盾，并预期未来十年再投资100亿美元。

（三）基于创业形式的分类

根据创业对个人及市场的影响程度，可以将创业分成复制型创业、模仿型创业、安定型创业和冒险型创业。

1. 复制型创业

复制型创业即在现有的经营模式基础上，简单复制原有公司的经营模式进行的创业。在现实社会中，新企业中属于复制型创业的比例很高，且由于有前期经验的累积，创业的成功率较高。

2. 模仿型创业

模仿型创业是指创业者了解他人创业成功的经验后，以模仿和学习为基础进行的创业活动。模仿型创业具有投资少、见效快、进入市场较为迅速等特点。这种形式的创业具有较高的不确定性，创业者需要经历较长的学习过程，犯错机会多，代价也较高昂。

3. 安定型创业

安定型创业是指创业者依赖现有的经验和资源所进行的创业活动。虽然这种形式的创业为市场创造了新的价值，但对创业者而言，无太大的改变，做的也是比较熟悉的工作。例如，研发单位的某小组在开发完成一项新产品后，继续在该企业部门开发另一项新产品。

4. 冒险型创业

冒险型创业是一种难度很高的创业类型，有较高的失败率，但一旦创业成功，投资回报也高得惊人。这种类型的创业不仅对创业者能力的要求较高，而且在创业时机把握、创业精神发挥、创业策略研究拟定、经营模式设计、创业过程管理等各方面都不能出现大的失误。

（四）基于创业起点的分类

依据创业者的起点，可将创业分为创建新企业和企业内创业。

1. 创建新企业

创建新企业是指创业者个人或团体从无到有地创建出全新的企业组织。这个过程充满挑战与机遇，创业者和团队的想象力、创造力可以得到最大限度的发挥，但风险和难度较大，创业者会遇到缺乏资源、经验和相关方支持的困境。

2. 企业内创业

企业内创业是指在已有企业内进行创新创建的过程，亦指现有的企业为了适应市场环境的变化，开发新的产品或者服务，以提高企业竞争力和盈利能力而开展的创业活动。

通常情况下，企业内创业是由有创意的员工发起，在企业的支持下进行企业内部新项目的创业，并与企业分享创业成果。

（五）基于创业项目的分类

依据项目内容，可将创业分为传统技能型创业、高新技术型创业和知识服务型创业。

1. 传统技能型创业

传统技能型创业是指采用传统技术、工艺或配方进行的创业。这种类型的创业项目虽然不新颖，但具有经久不衰的生命力，如酿酒业、纺织业、饮料业、中药业、修理业、工艺美术业等行业的创业项目。这些项目与人们的生活密切相关，许多现代技术都无法与之竞争。

2. 高新技术型创业

高新技术型创业是指知识密集度高，核心技术具有先进性、前沿性的创业类型。这种类型的创业项目有着研究开发的巨大价值。国家重点支持的八大高新技术领域为：电子信息、生物与新医药、航空航天、新材料、高技术服务业、新能源与节能、资源与环境、先进制造与自动化。

3. 知识服务型创业

知识服务型创业是指为人们提供知识信息类服务的创业类型。进入信息时代，人们需要快速高效地获取信息，许多知识性咨询服务机构得以茁壮发展，如律师事务所、会计师事务所、管理咨询公司、广告公司等。这类创业投资小、回报快，对具有专业服务知识和技能的创业者而言，不失为一种明智的创业选择。

▶ 第三节　创新意识与创业精神 ◀

本节导读：

作为一个还未步入社会的在校大学生，不管将来是选择创业还是就业，都应该具备创新意识与创业精神。希望学习者通过本节内容的学习，了解创新意识的内容，认识创业的动因源于创业精神，熟悉创业精神对个人职业生涯发展的价值，掌握创新与创业的关系。

一、创新意识

（一）创新意识的定义

创新意识是形成创造性思维和创造力的前提，是创业者进行创造活动的出发点和内在动力。那么，究竟什么是创新意识呢？不同学者从不同的角度对创新意识作了不同的定义，大体可以从客观和主观两个角度来阐述。

从客观上来说，创新意识就是人们对待创新的态度，它取决于个体对于创新以及创新的价值、重要性的认识程度。

从主观上来说，创新意识是指人们根据社会和个体生活的发展需求，产生创造前所未有的事物或观念的动机，以及在创造活动中表现出的求新求异的意向、愿望和设想。具体表现为个体主动识别或发现问题，并以创造性思维积极探索解决问题的方法。

（二）创新意识的类型

根据创新意识的基本特征和表现形式，创新意识可以分为求新求异意识、求变意识和问题意识。

1.求新求异意识

求新求异意识是由创新意识的新颖性和个体差异性决定的。人们倾向于选择大多数人做过的选择，这就是从众心理。而只有具有求新求异意识的人才能够破除从众心理，敢于别出心裁地追求新颖奇特的事物或方法。求新求异意识是创新活动的前提和内部动力，它是创新意识的主要类型。

2.求变意识

求变意识的"变"主要是指变革、革新，是对既有格局的突破，也是对已有事物的补充、重构和再发展。随着时代的发展和社会的变化，在原来的事物已不能适应新环境的情况下，就需要运用求变意识来另寻出路。

知识拓展

求新求异意识和求变意识的差异

求新求异意识和求变意识在思维方式上具有一定的相似之处，容易混淆。求新求异意识是创新者在主动寻求创新，对可以通过惯常手段解决的问题，依然去思考和寻找更优的解决方案的过程中产生的意识；而求变意识则是创新者在面临用惯常手段无法解决的问题时不得不寻求改变来打破困局的过程中产生的意识。要明确的是，这两种创新意识不分高下，只是适用的条件不相同而已。

3.问题意识

创新者的问题意识首先表现为善于观察并找出问题。有人曾说过："提出问题比解决问题更重要。"只有在找出问题后才能解决问题。其次表现在通过现有的途径和手段无法有效地解决问题时，创新者要找到现有的途径和手段无效的原因，并在此基础上寻求新的方法以解决问题。

二、创业精神的本质与来源

（一）创业精神的本质

创业精神是指在创业者的主观世界中，那些具有开创性的思想、观念、个性、意志、作风和品质等。创业精神是创业者在创业过程中的重要行为特征的高度凝练，主要表现为勇于创新、敢担风险、团结合作、坚持不懈等。创业精神的本质是创新意识和主动精神。

（二）创业精神的来源

创业实践就是创业精神的来源。创业精神，就是在创业过程中激发出来的一种人格特质。

> **经典案例**
>
> **华为的创业精神**
>
> 最初为公司取名时，只是几位创始人恰巧看到墙上"心系中华，有所作为"的标语，遂取名"华为"。
>
> 华为总裁任正非，是军人出身。华为技术有限公司成立于1987年。当时，外国人垄断了通信设备市场。华为自成立起就保持积极进取的精神，通过持续的创新，向着国际化、职业化不断前进，实现了自身的稳步成长。
>
> 目前，华为约有20万名员工，业务遍及全球170多个国家和地区，服务全世界1/3以上的人口，并且与全球的企业客户一起，以开放的云计算和快捷敏锐的网络，助力全球各领域的高效运营。华为的自主品牌正扎根全球，成为中国的"闪亮名片"。

三、创业精神的作用与培育

创业既是一种能力，也是一种精神。创业者的自身素质是创业成败的关键。创业者的素质和能力，包括创业者的创业精神，都是可以培养和提高的。

（一）创业精神的作用

1. 创业精神是经济发展的原动力

创业精神对一个国家和地区的经济发展具有巨大的推动作用。创业精神不仅能够催生大批创业者和新企业，而且能够造就快速发展的新行业。美国是举世瞩目的经济强国，而它之所以能从一个新兴的以农业为主的移民国家，变成世界最先进的工业化国家，靠的就是美国人民的创业精神。

2. 创业精神是助力解决就业问题的积极因素

创业精神是刺激经济增长和创造就业机会的必要因素。倡导创业精神，营造有利于创业的环境和氛围，是解决就业问题最有效的措施。

"就业难"是近年来我国面临的最大的社会问题之一。据统计，2023届全国高校毕业生达到1158万人，同比增加82万人，还有大量农村剩余劳动力需要转移。在这种情况下，完全依靠政府和现有的企业，根本无法解决就业问题。因此，借鉴国外的成功经验，弘扬创业精神，鼓励和扶持创业者创业，已经成为解决中国就业问题的重要措施。

3. 创业精神是促进科技成果产生和转化的根本动力

科技是第一生产力。要发挥科技的第一生产力作用，一是要促进科技成果的产生，二是要促进科技成果快速、顺利地转化为现实的生产能力。

如果把创业比作经济发展的发动机，那么创新就是发动机的气缸。据统计，美国无论是高新技术产品（如计算机软件）还是一般的民用产品（如食物），其新品种都是由个体企业发明的。日本的研究也表明，一半的企业创新是由小企业提供的。而且，小企业不仅创新效率高，创新的商品化效率也高，小企业可以在较短时间内使创新产品进入市场，平均仅需2.2年，而大公司则需3.1年。

倡导创业精神，加强知识创新和技术创新，发展高科技，实现产业化，是我国经济转型发展的关键举措，是提高国民经济综合实力、实现跨越式发展的紧迫要求，也是应对国际竞争、确保中华民族立于不败之地的战略抉择。

（二）创业精神的培育

每一个创业者在创业初期，在不对自己的创业产生消极作用的前提下，应该对已经创业成功或没有成功的创业者作尽可能多的了解。

1. 向成功者学习成功的经验

学习是获得经验的捷径。没有谁天生就有丰富的经验，所有的经验都是人们经历之后才获得的。"实践出真知",只有在挫折中"吃一堑,长一智",才能积累有用的经验。

2. 接受专门的创业教育

分析成功的创业案例不难发现,在那些成功企业家的眼里,到处都是机会。他们很少抱怨,而总是用一双善于发现的眼睛去捕捉别人忽视的商机。他们总是具有独特的思路和见解,而且行为也时常异于常人,有时甚至不为大多数人接受,但是从来不人云亦云。

3. 社会创业氛围的培养

一个人一旦在生活实践中培育了创业精神,就不会再惧怕困难;一旦养成了优良的习惯,形成了优秀的性格和品质,无论走到哪里都会发光。一个优秀的人会习惯于优秀,一个有创业精神的人不论将来是就业还是创业,都会是一个不断进取、不断创新、对社会有用的人才。

四、创业精神与个人职业生涯发展

创业精神不是与生俱来的,而是在后天的学习、思考和实践中逐渐形成的,它对个人职业生涯发展起着积极作用,而且决定着个人职业发展的态度、生涯发展的高度。

（一）创业精神决定个人职业发展的态度

当大学生选择了创业这个没有上司的职业之后,就成为一名真正的创业者,这时就需要自我管理、自我决策、自我规划。因此,在选择创业前,应该进行创业实践训练,向成功的企业家学习,在实践中练就和提升自己发现问题、解决问题的能力,然后再去创业,这样可以提高创业的成功率和成就感。

（二）创业精神决定个人生涯发展的高度

创业能力与学历不是正相关的。现实中很多成功的企业家学历都不是很高,但是在商场上却能很敏锐地洞察商机、灵活应变,这与他们自身的创业精神和创新意识有关。

为什么同一个时代的人,创业的结果各不相同呢?有没有一些方法和规则,提升创业成功的概率呢?这个答案是肯定的。古人常说:"立志要早。"对创业者而言,在 20 岁时就要明确自己到 30 岁时要成为一位企业家,并且在 10 年间矢志不渝,这样才有可能因为目标明确而成为创业的成功者。

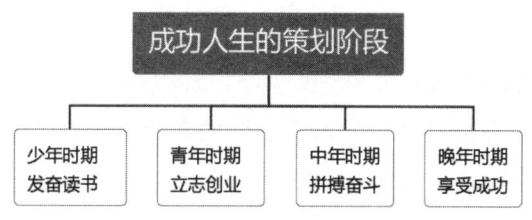

图 1-2 成功人生的策划阶段

（三）创业精神决定人生发展的速度

不论是就业还是创业，都需要自身具有创业能力。具有创业能力的表现之一就是具有执行力。再好的计划，如果没有采取行动，都将是一纸空谈，正如周恩来说的："坐着谈，何如起来行。"具有创业能力的表现之二是具有决策力。在职业生涯发展的过程中，我们经常会面临各种选择，需要做出正确的决策。结合主客观条件来确定职业的方向、目标、战略以及实施，都需要决策力。

五、创新与创业的关系

虽然创业与创新是两个不同的概念，但是两者之间却存在着本质上的契合、内涵上的相互包容和实践过程中的互动发展。熊彼特认为，创新是生产要素和生产条件的一种从未有过的新组合，这种新组合能够使原来的成本曲线不断更新，由此会产生超额利润或潜在的超额利润。

（一）创新是创业的基础，而创业推动着创新

一方面，科学技术、思想观念的创新，促进人们物质生产和生活方式的变革，进而为整个社会不断地创造新的消费需求，这是创业活动源源不断的根本动因；另一方面，创业在本质上是人们的一种创新性实践活动。

（二）创新是创业的动力和源泉

创业者通过创新拓宽商业视野，获取市场机遇，整合独特资源，促进企业成长。创新能力是最重要的创业资本，创业者在创业过程中需要具有持续旺盛的创新精神、创新意识，需要独特、活跃、科学的思维方式，这样才可能产生富有创意的想法或方案，才可能不断寻求新的思路、新的方法、新的模式、新的出路，最终获得创业成功。

（三）创新的价值常常体现在创业中

创新的价值就在于将潜在的知识、技术和市场机会转化为现实生产力，实现社会财富增长，造福人类。通过创业可实现创新成果的商品化和产业化，将创新的价值转

化为具体、现实的社会财富。

（四）创业的本质是创新

创业应该是具有创业精神的个体与有价值的商业机会的结合，即开创新的事业，其本质在于把握机会、创造性地整合资源、创新和超前行动。创新包括技术创新、制度创新和管理创新。对于创业者及其所创建的企业来说，创新就是将新的理念和设想通过新产品、新流程、新市场需求以及新的服务方式有效地融入市场，进而创造新的价值或财富的过程。

（五）创业推动并深化创新

创业可以推动新发明、新产品或新服务的不断涌现，创造出新的市场需求，从而进一步推动和深化科技创新，有利于提高企业或者整个国家的创新能力，推动经济增长。创业的关键在于创新，创新是创业的源泉，持续创新推动和成就创业。创新和创业相辅相成，两者的动态融合以及相互影响对于创业成功和企业成长至关重要。创业和创新的融合是一个动态整合、集成与优化的过程，在这一过程中，创新精神、创业能力和市场意识始终是创业成功和企业持续成长的内在动力。

> **经典案例**
>
> **创新对于创业的重要性**
>
> 赵璇是某大学的 MBA，原本有一份月薪很高的工作，这在外人看来是令人羡慕的，但为了实现自己的梦想和做自己感兴趣的事，赵璇放弃了这份高薪工作。辞职后，她租了一间 30 平方米的屋子，毅然开始了自己的创业之旅，做起了自己感兴趣的婚庆创意甜点。
>
> 在此之前，赵璇有过多次"救场"的经历，这让她坚定了创业的信心。有一次，赵璇的朋友结婚，为了定制个性化蛋糕而跑遍了整个城市，结果所有甜品店都无法满足他们的需要。这对新人就找到了赵璇，让她帮忙"救场"。在得知朋友偏爱"超级玛丽"的特性后，赵璇用了 2 天时间研制特色甜点，制作了"超级玛丽"主题甜点。最终，个性化的创意甜点成了婚礼现场的点睛之笔。
>
> 在参加大大小小的聚会以及同事、同学的主题婚礼后，赵璇受到了启发，产生了灵感，萌生了做"创意甜点"的想法。她发现很多单位和个人都期待举办个性化的聚会或庆典，而摆在台上的甜点却是千篇一律的，殊不知，甜点也能帮助

> 公司和个人强化想要表达的主题。甜点既能品尝，又能用作礼品，而且传播效果很好。
>
> 虽然赵璇的创意甜点店开业时间不长，但该店推出的创意甜点深受顾客青睐。在"左右夹击"的甜点店竞争中，赵璇独辟蹊径，开拓出了自己的市场。在她的精心管理下，她的创意甜点店已经步入了正轨，主动上门的客人越来越多。

第四节 当今创业的时代背景

本节导读：

当今时代，既是创新的时代，又是创业的时代。创新创业不再是少数人的专业，而是多数人的机会。特别是在经济发展进入新常态的时代背景下，创新创业已成为引领新常态、实现新发展的强大动力。希望学习者通过本节内容的学习，把握当今创业的时代背景，掌握在当今时代进行创业的方法。

一、互联网与创业

（一）世界经济步入大数据时代

2012年开始，大数据以及大数据时代等概念进入人们的生活，成为备受关注的经济话题。所谓大数据时代，是指随着互联网的发展和云计算的产生，数据渗透到社会生活的各个领域，已经成为重要的生产要素。大数据时代带给创业哪些影响呢？

首先，数据挖掘和应用本身成为创业的重要领域。如阿里巴巴集团在经营淘宝、天猫等网络交易平台，支持众多中小企业完成网上交易的过程中，也积累了大量消费者数据，对这些数据的挖掘成为重要的新型商业行为。为此，阿里巴巴集团于2012年7月宣布设立首席数据官，专职负责推进数据平台分享战略。

其次，重视商业数据的积累成为创业企业获得核心竞争优势的重要内容。由于数据成为重要的生产要素，现代经济的很多规律均体现在庞大的商业数据之中，如果不掌握这些数据，最终将难以获得核心技术知识，进而失去核心竞争力。未来创业国际环境中具有决定性作用的不是生产什么产品、提供什么服务，而是有关生产与服务的数据。

（二）互联网成为创业国际环境中最重要的物理支撑

在近 20 年的时间里面，互联网的广泛应用对人类社会的生产及生活方式产生了重大影响；特别是随着移动互联网的快速发展，互联网正以更快的速度向更多经济领域拓展，成为影响创业的重要因素。首先，互联网在实体经济领域中得到拓展性应用，实体经济领域成为当今创业的重要领域。除了我们已经熟知的网络销售、网络书店等业务外，一些传统服务领域辅之以网络也实现了发展和升级，如上海寺冈有限公司借助互联网平台，从一个平台制造企业成功转型为一个云计算服务型企业。其次，网络技术本身的不断发展和升级，开辟了许多新的创业空间。最后，互联网特别是移动互联网将成为当代创业国际环境中重要的物理支撑。哪里网络发达，哪里就将成为创业最为肥沃的土壤，哪里就将孕育更多的企业。

二、知识经济与创业

如今的经济是世界经济一体化条件下的经济，是以知识决策为导向的经济，它促使我们对身边发生的一切事物进行重新审视与认识。知识经济形态是科学技术与经济运行日益密切结合的必然结果，是经济形态更人性化的表现。

（一）知识经济的概念

知识经济就是以知识运营为经济增长方式、知识产业为龙头产业的新的经济形态与人类社会经济发展模式。

知识经济，也被称作智能经济，指的是建立在知识和信息的生产、分配和使用基础上的经济。它是和农业经济、工业经济相对的一个概念。现行的工业经济和农业经济，虽然也需要用到知识，但是这些经济的增长主要取决于能源、原材料和劳动力，是以物质为基础的经济。

（二）知识经济时代创业的关键要素

在知识经济时代，知识已经取代传统的有形资产成为支撑竞争优势最为关键的资源，"科技创新"因此成为这一时代创业活动的核心。优秀的创业者需要具备及时而有效地将"创新成果"转化为"商业价值"的能力，才能在多变的环境中保持持续的优势地位。知识经济时代创业有如下关键要素：

1. 持续创新，拥有自主技术

在全球化环境下，信息、技术和人才成为新创企业能否发展壮大的关键因素，也是企业间竞争的焦点。通过对技术和知识产权的占有，企业可以获得竞争优势并控制市场。根据相关数据，目前全世界有86%的研发收入和90%以上的发明专利都掌握在发达国家的手里，凭借着科技优势，以及建立在科技优势基础上的国际规则，发达国家及其跨国公司在世界市场占据了垄断地位，获得了大量的超额利润。

2. 通过技术引领市场，挖掘潜在需求

在知识经济条件下，创业者需要学会利用独创的知识来开发新产品，挖掘"潜在需求"，而不是仅仅为了生存而瓜分和扩大现有市场。潜在需求中的"需求"是企业通过"技术引领"所创造的。例如，苹果公司在推出 iPad 之前，大多数人不知"触屏电脑"为何物，更别说"需求"。而苹果公司依靠先进的技术、一流的设计，跟踪用户需求，推出了更便于携带的全触屏电脑 iPad，并迅速引发需求狂潮。挖掘潜在需求，要求创业者兼具敏锐的洞察能力和强大的创新能力。

3. 兼容并蓄，快速改革

知识经济时代的知识具有信息量大和淘汰速度快两大特点。单个创业者很难拥有所需的全部知识。面对全球化进程下越来越激烈的竞争环境，唯有兼容并蓄，以开放的心态进行广泛的知识合作，才能在创业的过程中获得所需要的源源不断的动力。创业者还需要拥有乐观积极的态度，视变化为机遇，把握市场需求，抓住变革的方向和节奏并予以快速响应，才能在不断变化的环境中取得成功。

4. 全球化的胸襟与眼光

我们身处一个全球化的时代，一旦选择创业，那么无论愿意与否，客观上都将不可避免地卷入一场全球化的竞争。具体表现在两个方面：一是要有融入全球化的勇气。即使处在创业初期，这份勇气也尤为重要，因为机会面前人人平等，只有拥有全球化的勇气才能抓住全球化的机会。二是要有全球布局的思维。如今，通过网络手段，来自全球的潜在顾客都有可能成为目标客户，而世界各地的货源也有可能成为自己的创业资源。创业者需要运用全球化的思维对不同市场采取不同的战略以整合全球资源。

三、消费群体的个性化需求

年轻一代的个性化需求,成为不少实体零售商守住线下阵地的重要砝码。2022年2月,河南郑州正弘城商场一店内举办了"泽塔奥特曼见面会",吸引了不少奥特曼迷前往。这是满足消费者个性化需求的一个案例。

相比老一代消费者,当下的年轻人对待品牌具有更高的道德标准。他们会根据品牌商的社会表现,来决定是否购买这个品牌的商品。有调查显示,32%的年轻人不会购买社会表现不好的品牌商的东西。这对品牌商和零售商来说是一个新的挑战和机遇。

"血汗工厂"出现在各大媒体,这说明越来越多的消费者不仅仅关注商品本身,也关注企业的社会责任。所以,品牌商和零售商,不仅仅要取悦消费者,更要让消费者看到商家的社会责任意识,树立自己良好的品牌形象。例如,2021年7月21日,国产运动品牌鸿星尔克宣布,通过郑州慈善总会、壹基金紧急捐赠5000万元物资驰援河南灾区,引发网友点赞后上热搜,极大地带动了产品销售。

了解年轻一代消费者,进而满足他们的消费需求,是未来创业的重要战略。

> **经典案例**
>
> **盲盒怎么这么火?**
>
> 这几年,"盲盒热"成为我国潮玩文化的突出现象之一,尤其随着"盲盒第一股"泡泡玛特上市,"盲盒为什么吸引年轻人"的话题屡次被推上微博热搜。有人说盲盒是"智商税",有人说盲盒像赌博,但在更多年轻人眼中盲盒意味着一份能带来惊喜的"小确幸"。在年轻人旺盛消费力的加持下,这份"小确幸"成为大潮流,不仅形成上百亿元的市场规模,更强势"出海",走红海外。而盲盒本身,也在考古文物、传统文化等IP(知识产权)入场后,被赋予更多文化内涵。

四、大众创业氛围营造

(一)政府要扶持大学生创业

政府在扶持大学生创业方面,要秉持"服务型政府"的理念,制定鼓励创业、支持创业、服务创业、保护创业的公共政策。

建立创业服务体系，成立专门的大学生创业扶持机构，为大学生提供创业咨询、创业项目平台、创业培训等全方位的服务。构建大学生创业信息体系，重点分析和预测社会发展对未来创业机会的影响，为大学生创业提供信息服务。联合各方面力量拓展大学生创业的融资渠道，建立"大学生创业基金""新技术援助基金"等，从而使大学生创业融资多元化，解决大学生创业资金缺乏的最大障碍。

（二）社会要提供良好环境

全社会要营造一个良好的创业氛围，从舆论导向、社会宣传、价值观念上鼓励创业，崇尚创业。尊重大学生的创业选择，为大学生创业提供强有力的社会支持，让创业的学生感到"社会上有地位、政治上有荣誉、经济上有实惠"。同时，要通过各种渠道，宣传创业政策，让更多的大学生了解创业上的优惠政策，用好优惠政策。

非政府非营利组织应充分发挥作用。相关组织可通过开展项目评估、办理政府小额创业贷款，承担创业贷款担保风险，对高校创业成果进行有效的监督；为大学生提供创业信息服务、技术咨询服务、市场指导、创业人才服务等。如有关大学生创业的中介机构，可以为大学生在创办企业、寻求相关企业及资金支持和法律、政策咨询等方面提供帮助，搭建平台。

对大学生创业来说，最重要的就是要一个公平竞争的环境。如果没有公平竞争的环境，在市场运作过程中存在大量的"潜规则"，就不可能吸引大学生去创业。市场竞争应该是公平的、合理的、透明的，只有这样的竞争环境，才可能吸引更多的大学生去创业，才有利于中国经济高速平稳地发展。

（三）企业要提供创业支持

企业发挥"智囊团"作用，进行创业指导。智囊团是指由一些创业成功的企业家、企业的高层管理者及社会知名人士所组成的，为高校实施创业教育提供经验及资助的组织，是大学实施创业教育的重要外在力量。现在，国内外许多商界名人经常到大学进行创业演讲，鼓励大学生创业。

建立创业实习基地，提供相应扶持。大学生在实习过程中了解到企业的现实情况，进一步确定今后的创业方向，有助于大学生提高创业的成功率。企业还要为大学生开展创业实践活动提供厂房和软硬件设施方面的支持，提供富有创业经验的兼职教师，以弥补学校创业教育的不足。企业还可以对大学生创业计划大赛中比较好的、有投资前景的项目进行资金、技术、市场等方面的支持。

重视"产、学、研"结合，推动科技成果转化。要依托高校创业中心，利用企业与社会广泛的外部联系,包括科技园、风险投资机构、创业培训机构、创业资质评定机构、小企业开发中心等,形成一个高校、社区、企业良性互动式发展的创业教育生态系统,有效地开发和整合社会各类创业资源,为创业大学生提供帮助。

(四)高校要注重创业教育

学校是大学生创业能力培养的主战场,要为学生提供更多机会,创造更多平台,加强外界联系,积极争取政策支持和社会资源,营造有利于大学生创业的环境和条件。

开设大学生创业教育课程。通过开设创业教育课程,培养大学生的创业意识和创业技能。高校在创业教育课程内容上,要注重将创业理论与实践操作结合起来,配套开设与创业紧密相关的工商、税务、法律、财会、经济管理、市场营销等方面的课程。

培养创业教师。创业教育的授课教师,多数没有创业经历,理论与实践严重脱节。高校要加强创业教育师资队伍的建设,提升大学生创业教育水平。

调整教学安排。学分制是一种有效的教育管理制度,它能够为大学生提供更加自由的学习时间。大学生可选择自己感兴趣的专业,充分发挥个人的潜能和创造力。推行弹性学制,允许大学生提前毕业或者休学去创业,可以解决大学生创业与学业之间的矛盾。

积极组织开展大学生创业实践。为了有效地开展创业教育,各高校要根据学校资源以及大学生的实际情况及特点,结合当地实际积极开展大学生创业计划竞赛或组织大学生进行创业实践,使产生在大学生中的"好点子""新思想""好想法"得以付诸实践。在实践的过程中,高校要给予大学生必要的指导和扶持,积极创办孵化器,为大学生创业提供增值服务。

(五)家庭要支持孩子创业

大学毕业生创业既是大学生本人人生的重要选择,也是大学生家庭生活中的一件大事。家庭应给大学毕业生在创业方面提供更多的支持。不论是在创业资金的筹备,还是创业项目的选择以及创业机会的掌握等方面,家庭应起到积极的促进作用。目前,许多家长都鼓励孩子进行创业。

☛ 实践训练

寻找身边的创新项目

◆ **实践目的**

1.深入理解创新存在于日常生活中。

2.通过思考,了解创新的作用。

◆ **实践流程**

1.记录创新项目

寻找一个身边的、令你印象深刻的创新项目,可以是自己的一个小创新(如生活规律、生活小窍门等),也可以是自己所见到的或体验过的,找出在该创新项目(现象)中存在的问题及相应的解决方法,记录在表1-2中。

表1-2 创新项目记录表

创新项目(现象)			
该项目的特色及创新点			
该项目存在的问题及可探索持续创新的内容	1	2	3
解决方案			

2.分析创新项目

通过分析创新项目挖掘出其中的创新点,借鉴这个创新点的核心内容、创新方法及创新思路,考虑这种创新方法在其他领域如何应用,进而加深对创新的理解,将思考成果记录在表1-3中。要求:

(1)列举过去一年中印象较深的三个创新项目(产品、事物等)。

(2)在该项目中,指出你认为存在的创新点。

(3)基于对创新点的理解,考虑该创新的方法、思路等可否用于其他领域。

(4)如果应用于新领域可以产生哪些具有创新性的项目?

表 1-3 思考成果记录表

创新项目	1	2	3
创新点			
可借鉴的领域			
借鉴后的项目			

3.小组协作讨论

小组通过汇总、分析、讨论后确定三个最具有借鉴价值的创新项目,并将讨论得出的创新点、借鉴领域和借鉴后的项目填写在表1-4中。在小组有不同意见的情况下,可以通过投票表决。

表 1-4 创新项目分析记录表

创新项目	1	2	3
创新点			
可借鉴的领域			
借鉴后的项目			

4. 实践思考

（1）从了解到的创新项目中，你得到了什么启发？

_____

_____

_____

（2）你认为在学校的学习生活中有哪些地方需要创新？你的创新方向是什么？

_____

_____

_____

思考与练习

1. 什么是创新和创业？创新和创业的基本类型有哪些？
2. 培育创业精神的方法有哪些？
3. 创新与创业的关系是什么？
4. 当今创业的时代背景是怎样的？

第二章
创新思维与方法

学习目标

知识目标：

通过对本章的学习，了解创新的过程，掌握创新思维的类型和特点，掌握创新的方法，并能够运用创新思维分析和解决问题。

思政目标：

1.通过对创新过程的了解，明白一切事物只有经过一定的过程才能实现自身的发展，因此做事情要学会顺应自然过程。

2.通过对创新思维的了解，学会在事物发展受挫时换个角度思考问题。

思维是人类独有的高级认识活动，其作用是通过探索与发现事物的内部、本质联系和规律来认识事物。创新思维是指以新颖独创的方法解决问题的思维，即突破现有的、习惯性的思路，转而以超常规甚至反常规的方法去思考问题，从而得出与众不同的解决方案，产生新颖、独到、有社会意义的思维成果。很多大学生虽然有创业的想法，但因为缺乏创新思维而一筹莫展。大学生只有充分运用创新思维，才能提高自身的创造力，更好地分析并解决创业过程中的问题。

第一节 创新过程

本节导读：

万物演化都有过程，事物产生、发展到终结，其过程往往受到很多因素影响。一个创新成果的出现，需要经过了一系列的发展程序。创新的过程，就是运用自己的思维与实践能力，酝酿、引导及实践，而产生创新成果，并转化成生产力的过程。希望学习者通过本节内容的学习，了解创新思维形成的过程，并能够在相应的阶段做正确的事情。

一、沃拉斯"四阶段理论"

美国心理学家约瑟夫·沃拉斯在他的《思考的艺术》一书中，提出创造性思维过程包括四个阶段——准备、酝酿、顿悟和检验，即"四阶段理论"，如图2-1所示。

图 2-1 沃拉斯"四阶段理论"

(一)准备阶段

准备阶段包括自身知识的积累、研究问题的提出、调查研究、资料收集、他人经验的获取、数据和材料的获得。在这个阶段我们需要高度集中精神,深入了解所要研究解决的问题。创新思维就是围绕问题展开的,即我们提出的问题决定着我们思维的方向。因此,提出有意义、有价值的问题成为这个阶段的重要内容。

(二)酝酿阶段

如果问题不能立即解决,酝酿阶段随即来临。在酝酿阶段,创新者往往茶不思、饭不想,情绪不稳定,因为解决问题的方法不明确,难以厘清问题中包含因素之间的联系。这个阶段的特点是创新者处于一种困惑、焦虑和烦躁的状态。

从表面上看,这是一个有意识的中断时期,但在此期间,大脑的无意识活动仍在继续。也就是说,大脑的潜意识里仍在不知不觉地搜集、筛选和重组信息,寻找问题的解决方案。

(三)顿悟阶段

顿悟是指对曾经百思不得其解的问题突然之间就领悟了的思维现象。当问题思考进入这一阶段的时候,往往就会茅塞顿开,有时是某个点的突破,有时是某种关系突然明确,有时是某个灵感突然闪现。顿悟通常具有戏剧性,顿悟的出现,是突然的、强烈的。

经典案例

灵感来之不易

1637 年,大数学家费马突发灵感,提出了一个简单而新奇的数学定理:当整数 $n > 2$ 时,方程式 $x^n + y^n = z^n$ 除了 $xyz = 0$ 的解外,没有其他整数解。也就是说,没有一组整数 x、y、z 能满足这个方程式。费马在一本书的页边上写下了这个定理,

> 并且自豪地说:"我得到了这个惊人的证明,但这页边太窄,不容我把证明写下来。"费马把这事放下了,但那之后他再也没有想起这一难得的灵感,结果害得之后的300多年许多人为它绞尽脑汁。直到20世纪90年代,英国数学家怀尔斯才证明了这一定理。

(四)检验阶段

来自灵感的成果还必须经过深思熟虑、加工和验证的过程。为了检验创新成果的有效性和合理性,在检验阶段,仍要通过推理或实践继续思考、探索和检验,精神依然需要高度集中,不能有任何的分心和懈怠。

二、刘奎林的"潜意识推论"

刘奎林是我国系统研究灵感思维的学者之一,他在约瑟夫·沃拉斯的"四阶段理论"的基础上,进一步就创造性思维发生的过程进行了研究,提出了"潜意识推论"。他认为创造性思维过程由五道程序组成,即"境域—启迪—跃迁—顿悟—验证",如图2-2所示。

图 2-2 刘奎林"潜意识推论"

境域,是指能引起灵感迸发的必要的境界。这种境域如托尔斯泰所描述的:创造者入境后表现出来的那种潜思维与显思维随意交融、肆意驰骋、神与物游的忘我境域,正是创作的最高境界。

启迪,是指激发灵感的偶然机会。创造者的灵感孕育到饱和的程度,只要有某一相关的信息刺激,创造者就会突然间豁然开朗。

跃迁,是指灵感产生时非逻辑质变的模式,即通过显意识与潜意识的相互作用,潜意识进入一种跳跃推理的质变过程。人们没有意识到形态或能量的逐渐转变，它在灵感思维中，是一种高级质变的方式。

顿悟，指灵感在潜意识孕育成熟后，显意识刺激时的瞬间爆发的表现。

验证，指对灵感思维结果的真实性进行科学的分析和评价。

这五个阶段相互联系、相互制约，形成一个通过显意识激发潜意识，以刺激灵感产生的有机系统。

第二节 创新思维

本节导读：

创新思维并非单一的思维，而是多种思维的复合物，发散思维、形象思维、灵感思维、逻辑思维、联想思维、组合思维等都是创新思维的组成成分，在创新过程中发挥着各自不同的作用。希望学习者通过本节内容的学习，了解创新思维的概念和创新思维的类型，并能够运用创新思维解决问题。

一、创新思维的概念

创新能力是人的能力中最重要、最宝贵、层次最高的一种能力，其核心因素是创新思维能力。头脑中的创新是人们进行创新实践活动的基础和前提，一切需要创新的实践活动都离不开思考，离不开创新思维。1997年，诺贝尔物理学奖获得者朱棣文在总结成功经验时说："科学的最高目标是要不断发现新的东西，因此，要想在科学上取得成功，最重要的一点就是要学会用不同的思维方式、别人忽略的思维方式来思考问题，也就是说要有一定的创造性。"可以说，创新思维是一切创新活动的开始。

那么，什么是创新思维？一般对创新思维有广义和狭义两种理解：

（1）广义的创新思维。广义的创新思维，指在创新活动过程中发挥作用的一切形式的思维活动，包括在创新发明中直接或间接使用的一切思维形式，包括逻辑的、非逻辑的思维。

（2）狭义的创新思维。狭义的创新思维专指在发明创新中提出创新思想的思维活动形式。在一般情况下，人们所说的创新思维，大多是指狭义的创新思维。

二、创新思维的类型

创新思维有很多种，以下介绍主要的、最具代表性的六种思维类型。

（一）发散思维

发散思维是指大脑在思考时呈现的一种扩散状态的思维模式，它表现为思维视野广阔，思维呈现出多维发散状，又称为辐射思维、放射思维、扩散思维或求异思维。美国心理学家吉尔福特认为，发散思维是从给定的信息中产生信息，其着重点是从同一种来源中产生各种各样的为数众多的输出，如"一题多解""一事多写""一物多用"等方式。

（二）形象思维

形象思维又称直感思维，是指在对形象信息传递的客观形象体系进行感受、储存的基础上，结合主观的认识和情感进行识别（包括审美判断和科学判断等），并用一定的形式、手段和工具（包括文学语言、绘画线条色彩、音响节奏旋律及操作工具等）创造和描述形象（包括艺术形象和科学形象）的一种基本的思维形式。

（三）灵感思维

灵感思维是人们在创造过程中达到高潮阶段以后出现的一种最富有创造性的思维突破。灵感思维常常以"一闪念"的形式出现，是人们在无意识的情况下产生的一种突发性的创造性思维活动，具有突发性、偶然性、模糊性的特征。

（四）逻辑思维

逻辑思维是思维的一种高级形式，是符合某种人为制定的思维规则和思维形式的思维方式。我们常说的逻辑思维主要指遵循传统形式的逻辑规则的思维方式，常被称为抽象思维或"闭上眼睛的思维"。

（五）联想思维

联想思维就是人们通过一件事情的触发而想到另一些事情的思维。联想能够将不同的概念或事物、现象联结起来，进而产生一些新颖的思想。联想构思发明法就是利用联想思维进行创造的一种发明创造方法。古往今来，人类一直在无意或有意中通过各种联想,不断从自然界中得到启迪,从而创造了无数的工具、方法,为自己的生存和发展创造条件。

> **经典案例**
>
> **运用互利推销创新思维提高公司产品销量**
>
> 有一家公司,主要经营鲜牛奶、面包和蛋糕等食品。该公司每天在天亮前将牛奶送到订户门前的小木箱内。因其牛奶质优价廉,牛奶的订户源源不断,获利越来越大。与此同时,由于公司门店地址偏僻,同样优质的面包、蛋糕等食品却少有人问津。
>
> 随着牛奶订单不断增多,该公司的老板意识到这些订单背后是一个庞大的消费群体。为什么不在这部分人群中运用有效的营销推广手段,宣传公司的面包、蛋糕等食品呢?他相信,只要有合适的营销手段,一定能取得不错的效果。
>
> 老板最后想到一个办法:设计精美的小卡片,卡片正面印上面包、蛋糕的名称和价格,背面印上订货单,便于顾客签名并填写所需食品的品种、数量及送货时间。这些印制好的卡片被挂在送给订户的牛奶瓶上,送奶人收走牛奶瓶后,能够在卡片上看到订户订购的面包、蛋糕等食品数量,下次送牛奶时,便可将这些食品一并送到订户处。
>
> 该方案实施后,很多订购牛奶的人同时订购了其他食品,公司产品销量大幅提高!

(六)组合思维

组合思维又称合向思维,是指人们把两种或两种以上的原理、方法、技术及构思,或是仪器、设备、材料及其他物品等适当地组合在一起,使之变成彼此不可分割的新的整体的一种思考方式。

组合思维作为人们常用的思维方式具有以下几种形式:①同类组合。同类组合是若干相同事物的组合。②异类组合。异类组合是两种或两种以上不同领域的技术思想、不同功能的物质产品的组合。③重组组合。重组组合就是在事物的不同层次分解原来的组合,然后再按照新的目标重新安排的组合。④共享与补代组合。共享组合是指把某一事物中具有相同功能的要素组合到一起,达到共享的目的的组合。补代组合是通过对某一事物的要素进行摒弃、补充和替代,形成一种在性能上更为先进、新颖、实用的新事物的组合。例如，拨号式电话改为键盘式电话、银行卡代替存折。⑤概念组合。概念组合就是以词类或命题进行的组合。

三、创新思维的特点

创新思维的特点主要包括独创性或新颖性、灵活性、艺术性和非拟化、对象的潜在性、风险性等。把握住创新思维的主要特点，不仅能让我们对创新思维有更深入的了解，在进行创新创业活动时，也能让我们更好地驾驭这种思维，从而让它为我们的实践服务。

（一）独创性或新颖性

创新思维贵在创新，它在思路的选择上、思考的技巧上，或者是在思维的结论上，都有着独到之处，具备一定范围内的首创性、开拓性。新时代的大学生在创新创业时，要做到在前人、常人没有涉足、不敢前往的领域开垦出自己的一片天地，站在他人的肩上再攀登一步，而不是在已有的成就面前踏步或仿效，被司空见惯的事物所迷惑。

（二）灵活性

创新思维的灵活性体现在并无现成的思维方法和程序可循，它的方式、方法、程序、途径等都没有固定的框架。在考虑问题时，创新思维往往能做到迅速地从一个思路转向另一个思路，从一种境域进入另一种境域，多方面地探寻解决问题的办法。

（三）艺术性和非拟化

创新思维活动是一种开放的、灵活多变的思维活动，它的发生伴随有想象、直觉、灵感之类的非逻辑、非规范思维活动。它往往因人而异、因时而异、因问题和对象而异，所以创新思维活动具有极大的特殊性、随机性和技巧性，他人难以完全模仿。创新思维活动的上述特点同艺术活动有相似之处。艺术活动的表面现象和过程都可以模仿，如凡·高的名画《向日葵》，人们都可以去画向日葵，且大小、颜色都可以模仿，甚至临摹。然而，艺术的精髓和内在，以及凡·高的创造性只属于个人，是无法模仿的。因为任何模仿品只能是以假充真，而无法替代真品。

（四）对象的潜在性

创新思维活动是从现实的活动和客体出发，但它指向的不是现存的客体，而是一个潜在的、尚未被认识和实践的对象。例如，在改革浪潮席卷全球的今天，无论是发达国家，还是发展中国家，都在寻求适合本国国情的改革之路。那么，这条路究竟该怎么走，各国正在探索，即各国的领导者分别依据本国所面临的各种现实情况，进行创新，大胆试验。所以，这条路至今还是不太清晰的，是潜在的，至多不过是处在由潜在向现实的不断转变之中。

（五）风险性

由于创新思维活动是一种探索未知事物的活动，因此受着多种因素的限制和影响，如事物发展及其本质暴露的程度、实践的条件与水平、认识的水平与能力等，这就决定了创新思维并不会每次都能取得成功，甚至有可能毫无成效或者做出错误的结论。

因此，创新思维活动的风险性不仅表现在它对传统势力、偏见等造成了冲击，还表现在它是大学生对自我的一种挑战。风险与机会并存。

▶ 第三节　创新方法 ◀

本节导读：

创新方法，又称创新技法，是根据创新思维的发展规律总结出来的发明创新的一些规律、技巧和方法。创新方法中蕴含着丰富的创新科学原理，可以有效地指导人们的创新实践。希望学习者通过本节内容的学习，掌握创新的方法，并能够将这些方法运用到实践中。

一、头脑风暴法

（一）头脑风暴法的内涵

头脑风暴法由美国BBDO广告公司的亚历克斯·奥斯本首创，该方法主要表现为由价值工程工作小组人员在正常融洽和不受任何限制的气氛中以会议形式进行讨论、座谈，打破常规，积极思考，畅所欲言，充分发表看法。

（二）头脑风暴法的组织形式

小组人数一般为10~15人（课堂教学也可以班为单位），最好由不同专业或不同岗位者组成；时间一般为20~60分钟；设主持人一名，主持人只主持会议，对设想不作评论。设记录员 1~2 人，要求认真将与会者每一设想不论好坏都完整地记录下来。

（三）头脑风暴法的会议类型

设想开发型：这是为获取大量的设想、为课题寻找多种解题思路而召开的会议，因此，要求参与者善于想象，语言表达能力强。

设想论证型：这是为将众多的设想归纳转换成实用型方案召开的会议，要求与会者善于归纳、善于分析判断。

（四）头脑风暴法的会前准备工作

1. 会议要明确主题

会议主题提前通报给与会人员，让与会者有一定准备。

2. 选好主持人

主持人要熟悉并掌握该技法的要点和操作要素，最好由对决策问题的背景比较了解并熟悉头脑风暴法的处理程序和处理方法的人担任。其发言应能激起参与者的思维"灵感"，让参与者感到急需回答会议提出的问题。通常在开始时，需要采取询问的做法，因为主持人很少能在会议开始 5~10 分钟内创造一个自由交换意见的气氛，并激起参与者踊跃发言。

3. 选好参与者

（1）人员组成。

★方法论学者——专家会议的主持者；

★设想产生者——专业领域的专家；

★分析者——专业领域的高级专家；

★演绎者——具有较强逻辑思维能力的专家。

（2）选取原则。

①如果参与者相互认识，要从同一职位（职称或级别）的人员中选取。领导人员不应参加，否则可能对参与者造成某种压力。

②如果参与者互不认识，可从不同职位（职称或级别）的人员中选取。这时不应宣布参与人员职称，不论成员的职称或级别高低，都应同等对待。

③参与者的专业应力求与所论及的决策问题相一致，但这并不是专家组成员的必要条件。专家中最好包括一些学识渊博，对所论及问题有较深理解的其他领域的专家。

4. 会前训练

头脑风暴法的所有参与者，要有一定的训练基础，应具备较高的联想思维能力，懂得该会议提倡的原则和方法。

会前可进行柔化训练，即对缺乏创新锻炼者进行打破常规思考、转变思维角度的训练活动，以使其减少思维惯性，从单调的紧张工作环境中解放出来，以饱满的创造热情投入激励设想活动。

（五）头脑风暴法的会议实施步骤

1. 设想开发

由主持人公布会议主题并介绍与主题相关的参考情况；突破思维惯性，大胆进行联想；主持人控制好时间，力争在有限的时间内获得尽可能多的创意性设想。

2. 设想的分类与整理

一般分为实用型和幻想型两类。前者是指如今技术工艺可以实现的设想，后者指如今的技术工艺还不能完成的设想。

3. 完善实用型设想

对实用型设想，再用脑力激荡法去进行论证、进行二次开发，进一步扩大设想的实现范围。

4. 幻想型设想再开发

对幻想型设想，再用脑力激荡法进行开发，通过进一步开发，就有可能将创意的萌芽转化为成熟的实用型设想。这是脑力激荡法的一个关键步骤，也是该方法质量高低的标志。

（六）头脑风暴法的会议原则

为使与会者畅所欲言，互相启发和激励，达到较高效率，必须严格遵守下列原则：

1. 庭外判决原则（延迟评判原则）

对各种意见、方案的评判必须放到最后阶段，此前不对别人的意见作出评价。认真对待任何一种设想，而不管其是否适当和可行。

2. 自由畅想原则

欢迎各抒己见，自由鸣放，创造一种自由、活跃的气氛，激发参与者提出各种奇思妙想，使与会者思想放松，这是此法的关键。

3. 以量求质原则

追求数量。意见越多，产生好意见的可能性越大，这是获得高质量创造性设想的条件。

4. 综合改善原则

探索取长补短和改进办法。除提出自己的意见外，鼓励参与者对他人已经提出的设想进行补充、改进和综合，强调相互启发、相互补充和相互完善，这是取得成功的条件。

5. 突出求异创新

提倡自由发言，畅所欲言，不允许私下交谈，以免干扰别人思维。会议提倡自由奔放、任意想象、尽量发挥，主意越新、越怪越好，因为它能启发人推导出好的设想。这是头脑风暴法的宗旨。

6. 限时限人原则

经验证明，专家小组规模以10～15人为宜，会议时间一般20~60分钟效果最佳。专家的人选应严格限制，便于参与者把注意力集中于所涉及的问题。

经典案例

新产品命名

盖莫里公司是法国一家拥有300人的中小型私人企业，这一企业生产的电器有许多厂家和它竞争市场。该企业的销售负责人参加了一个关于发挥员工创造力的会议后大受启发，开始在自己公司谋划成立一个创造小组。在冲破了来自公司内部的层层阻挠后，他把整个小组（约10人）安排到了农村一家小旅馆里。在以后的三天中，他对每人都采取了一些措施，以避免外部的电话或其他干扰。

第一天全部用来训练，通过各种训练，组内人员开始相互认识，他们相互之间的关系逐渐融洽，开始还有人感到惊讶，但很快他们都进入了角色。

第二天，他们训练创造力，开始涉及智力激励法和其他方法。他们要解决的问题有两个，在解决了第一个问题，即发明一种拥有其他产品没有的新功能的电器后，他们开始解决第二个问题，为此新产品命名。在两个问题的解决过程中，都用到了智力激励法，但在为新产品命名这一问题的解决过程中，经过两个多小时的热烈讨论后，他们共为产品取了300多个名字，主管则暂时将这些名字保存起来。

第三天一开始，主管便让大家根据记忆，默写出昨天大家提出的名字。在300多个名字中，大家记住了20多个。然后主管又在这20多个名字中筛选出了3个

> 大家认为比较可行的名字,再拿这些名字去征求顾客意见,最终确定了一个结果。新产品一上市,便因为其新颖的功能和朗朗上口、让人回味的名字,受到了顾客热烈欢迎,迅速占领了大部分市场,在竞争中击败了对手。

二、奥斯本检核表法

(一)奥斯本检核表法的内涵

奥斯本检核表法是由创新技法的奠基人奥斯本先生提出的,该方法是根据需要研究的对象之特点列出有关问题形成检核表,然后一个一个地来核对讨论,从而发掘出解决问题的大量设想。

(二)奥斯本检核表法的检核项目及应用

奥斯本检核表法引导人们在创造过程中对照9个方面的问题进行思考,以便启迪思路,开拓思维想象的空间,促进人们产生新设想、新方案。下面以手电筒为例,演示奥斯本检核表法的检查项目及应用,如表2-1所示。

表2-1 奥斯本检核表法的检核项目

序号	检核项目	检核内容	应用实例(手电筒)
1	能否他用	现有的东西(如发明、材料、方法等)有无其他用途?保持原状不变能否扩大用途?稍加改变,有无别的用途?	其他用途:信号灯、装饰灯
2	能否借用	能否从别处得到启发?能否借用别处的经验或发明?外界有无相似的想法?能否借鉴?过去有无类似的东西?有什么东西可供模仿?谁的东西可供模仿?现有的发明能否引入其他的创造性设想之中?	增加功能:加大反光罩,增加灯泡亮度
3	能否改变	现有的东西是否可以做某些改变?改变一下会怎么样?可否改变一下形状、颜色、音响、味道?是否可改变一下意义、型号、模具、运动形式?……改变之后,效果又将如何?	延长使用寿命:使用节电、降压开关
4	能否扩大	现有的东西能否扩大使用范围?能不能增加一些东西?能否添加部件,拉长时间,增加长度,提高强度,延长使用寿命,提高价值,加快转速?	能否缩小:缩小体积,1号电池—8号电池—纽扣电池

续表

序号	检核项目	检核内容	应用实例（手电筒）
5	能否缩小	现在的东西能否缩小体积，减轻重量，降低高度，压缩、变薄？缩小一些怎么样？能否省略？能否进一步细分？	改一改：改灯罩，改小电珠和彩色电珠等
6	能否替代	可否由别的东西代替，由别人代替？可否用别的材料、零件代替，用别的方法、工艺代替，用别的能源代替？可否选取其他地点？	代替：用发光两级管代替小点珠
7	能否调整	从调换的角度思考问题。能否更换一下先后顺序？可否调换元件、部件？是否可用其他型号，可否改成另一种安排方式？原因与结果能否对换位置？能否变换一下日程？……更换一下，会怎么样？	换型号：两节电池直排、横排、改变式样
8	能否颠倒	从相反方向思考问题。倒过来会怎么样？上下是否可以倒过来？左右、前后是否可以对换位置？里外可否倒换？正反是否可以倒换？可否用否定代替肯定？	反过来想：不用干电池的手电筒，用磁电机发电
9	能否组合	从综合的角度分析问题。组合起来怎么样？能否装配成一个系统？能否把目的进行组合？能否将各种想法进行综合？能否把各种部件进行组合？	与其他东西组合：带手电收音机、手机等

（三）奥斯本检核表法的实施步骤

第一步：明确问题——根据创新对象明确需要解决的问题。

第二步：检核讨论——根据需要解决的问题，参照表中列出的问题，运用丰富的想象力，强制性地一个个核对讨论，写出新设想。

第三步：筛选评估——对新设想进行筛选，将最有价值和创新性的设想筛选出来。

（四）奥斯本检核表法的注意事项

（1）不遗漏：要联系实际一条一条地进行核检，不要遗漏。

（2）多检核：多检核几遍，效果会更好，或许会更准确地选择出所需创新、发明的方面。

（3）多创想：在检核每项内容时，要尽可能地发挥自己的想象力和联想力，产生更多的创造性设想。进行检索思考时，可以将每大类问题作为一种单独的创新方法来使用。

（4）检核方式可灵活：一人检核可以，三至八人共同检核也可以。集体检核可以互相激励，产生头脑风暴，更有希望创新。

三、列举法

（一）缺点列举法

任何事物都不可能十全十美，或多或少地存在着这样那样的缺点。围绕现有的物品列出它的缺点，再针对缺点，提出改革设想，是一种有效而简便的创造方法。列举缺点就是发现问题，要发现问题，就要克服习以为常、墨守成规、常见不疑等感知障碍。

> **经典案例**
>
> **新型体温计**
>
> 我们以生活中常用的水银体温计为例，运用缺点列举法进行改进。
>
> 第一步：我们要确定水银体温计存在哪些缺点。
>
> 第二步：详细列出水银体温计的缺点。
>
> 第三步：分析原因——水银体温计的缺点有便捷性差、安全性低、产品外观不美等几个方面，实际上主要集中在制作原料上，玻璃易碎，水银有毒且对温度敏感度低。根据这些我们可以分别制定方案，解决以上存在的问题。
>
> 最后：考虑是否可以用其他材料代替玻璃和水银，既能测量体温，也改进了上述缺点。金属材料的温度传导功能要大大高于玻璃，电子感温元件可以更加安全、快速地测量体温。我们最终得出了电子体温计的设计思路：采用电子感温元件、塑料、温度传导片等材料，通过人耳测量体温，速度快，易操作；采用液晶显示器显示温度，方便观察。为了便于使用和携带，电子体温计的外壳可以采用塑料等更为安全的材料。
>
> 大多数人与发明创造无缘，不是因为对生活全然满意，而是停留在不满、抱怨的地步，没能更深入地分析缺点有哪些和怎么改进。

（二）特性列举法

特性列举是将发明对象的特性一一列举出来，进行认真细致的观察分析，然后提出改革的方案。一般可分两步进行。

第一步：采取"划大类，列小点"的方法，把发明对象的形状、结构、材料和功能等特性，先划分大类，然后列小点。

第二步：提出改革方案。根据列举的小点逐个进行分析评价，对发明对象的外形、结构、材料、功能等，提出更新换代的改革方案。

（三）希望点列举法

希望点列举法是根据目标市场用户提出来的种种需求和希望，经过归纳和概括，寻找发明课题和设计构思的方法。它不同于被动型的缺点列举法和特性列举法，不受现有物品的束缚，应用范围较广，是一种主动型的小发明技法。

希望点列举法步骤：第一步，激发和收集人们的希望；第二步，仔细研究人们的希望，确定"希望点"；第三步，以"希望点"为依据，制定解决方法，以满足人们的希望。

四、试错法

（一）试错法的内涵

试错法是设计人员根据已有的产品或以往的设计经验提出新产品的工作原理，通过持续的修改和完善，然后做样件，如果样件不能满足要求，则返回到方案设计重新开始，直到证明样件设计满足要求，才可转入小批量生产和批量生产的方法。设计人员根据经验或已有的产品沿方向 A 寻找"解"，如果扑空，就调整方向，沿着方向 B 寻找，如果还找不到，再变换至方向 C，如此一直调整方向，直到在第 N 个方向碰到一个满意的"解"为止，如图 2-3 所示。这是最原始的求新方法，也是历史上技术创造的第一种方法。

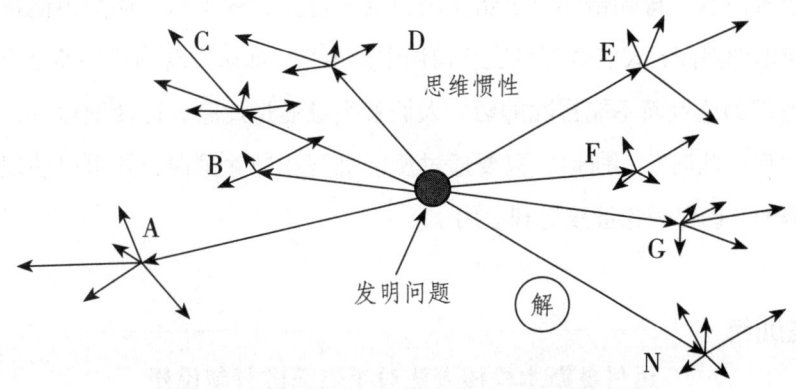

图 2-3 试错法示意图

由于设计人员不知道满意的"解"所在的位置，在找到该"解"或较满意的"解"之前，往往要扑空多次、试错多次。试错的次数取决于设计者的知识水平和经验。所谓"创新是少数天才的工作",正是试错法的经验之谈。

(二)试错法的典型特征

(1)解决问题导向:试错法不试着去探讨为什么某种解法会成功,只要成功解决问题即可。

(2)针对某个特定问题:试错法不试着去找出可以被广泛应用、可以用来解决其他问题的解法。

(3)没有最佳法:试错法只找出某种解法,并不会去尝试所有的解法,亦不会找出问题的最佳解法。

(4)仅需最低限度的知识:即便对问题的领域只有少量的知识,试错法仍然可以拿来应用。

(三)试错法的应用

它的运作分两步,即猜测和反驳。

1. 猜测

猜测是试错法的第一步,没有猜测,就不会发现错误,也就不会有反驳和更正。猜测在一定意义上就是怀疑,这种怀疑不是为了怀疑而怀疑,而是为了发现问题、更正问题,是科学的审慎的态度。

2. 反驳

反驳是试错法的第二步。没有反驳,猜测就是一厢情愿且可能错误重重的设想。反驳就是批判,就是在初步结论中寻找毛病,发现错误,通过检验确定错误,最后排除错误的思维过程。排除错误是试错法的目的,也是它的本质。因为不能排除错误,认识就不能得到提高,人们就不可能从错误中走出来。如果发现前进的路上布满地雷,并发现了地雷的位置而不能排除的话,人们就很难通过此路,即使通过了,也会给后来人留下"死亡陷阱"。所以,只要通过反驳批判和排除错误,才可以使理论的错误减少或不增加,确保理论被接受和运用。

👍 实践训练

运用奥斯本检核表法对手电筒进行新设想

◆ 实践目的

1. 使学生在了解奥斯本检核表法的基础上,掌握这一创新方法。
2. 提高学生运用创新方法解决实际问题的能力。

◆ **实践流程**

1. 介绍手电筒这一典型产品

在表 2-2 中填写手电筒的特征。

表 2-2 手电筒的特征

	手电筒
形状	
材质	
特性	
价格	
功能	
使用方法	
……	

2. 推导手电筒的其他用途

根据手电筒原有属性以及自身所需解决的问题，使用奥斯本检核表法中列出的九个问题，运用丰富的想象力，强制性地进行思考，推导出手电筒的其他用途，填写在表 2-3 中。

表 2-3 推导手电筒的其他用途

序号	检核项目	引出的发明
1	能否他用	
2	能否借用	

续表

序号	检核项目	引出的发明
3	能否改变	
4	能否扩大	
5	能否缩小	
6	能否替代	
7	能否调整	
8	能否颠倒	
9	能否组合	

3.提出改进方案

通过对手电筒的用处进行大胆的想象和推导，结合实际需求，从这几个用途中筛选出3~4个最有价值或最具有可行性的设想，提出更全面、具体的方案，使手电筒发挥出更大的价值。

最具有价值的用途：

（1）_____

（2）_____

（3）_____

具体的方案：

4. 实践思考

（1）你认为在运用奥斯本检核表法时的注意事项有哪些？

（2）通过以上训练，你从中收获了什么？

思考与练习

1. 创业的过程有哪些？
2. 什么是创新思维？
3. 创新思维的类型和特点有哪些？
4. 创新技法主要有哪些？

第三章 大学生创业与创业政策

学习目标

知识目标：

通过对本章的学习，了解创业的一般过程，熟悉国家层面和所在地的大学生创业优惠政策，了解"互联网+"大学生创新创业大赛的基本情况，并能够在创业过程中运用好这些创业优惠政策。

思政目标：

1.通过对所选创业项目原则的了解，明白不以规矩，不能成方圆，在做任何事情的时候都要遵循一定的原则。

2.通过对大学生创业优惠政策的了解，学会在做事情时善于利用外部的力量，以更快、更好地实现梦想。

近年来，我国创业的法律、政策环境持续改善。为了鼓励和支持大学生自主创业，国家和地方各级政府纷纷出台相关创业政策，包括对创业活动和初创企业的规定、就业的规定、环境和安全的规定、企业组织形式的规定、税收的规定等，鼓励和支持大学生创业。创业政策对大学生的创业意识、创业机会、创业质量都有显著影响，有关政策甚至直接影响到创业企业的生死存亡。因此，了解大学生创业与创业政策非常有必要。

第一节　创业的一般过程

本节导读：

创业的过程可以看作一系列复杂商业活动的集合，并且这种活动呈现出一定的规律性与阶段性。大学生在创业之前，应该对整个创业过程有清醒的认识，整体性地把握创业这一活动。本节介绍了创业的一般过程。希望学习者通过对本节内容的学习，能够清楚了解创业的过程。

一、选定创业项目

创业行动的真正开端是选定创业项目。创业项目是指创业者为了达到商业目的具体实施和操作的工作，也就是说创业的想法可以天马行空、千奇百怪，但是创业项目一定要能够具体到每一步商业操作。

要想将自身的想法转化为具体可行的创业项目并非易事，通常情况下，可以参照以下 5 项原则来选择创业项目。

（一）选择具有前景的行业

大学生创业者在正式创业前应该详细考察行业的前景，弄清楚自己想要投身的行业是否确实具有持续发展的前景，只有具有持续发展前景的行业才可以长久经营。

（二）利用自身优势与长处

俗话说"隔行如隔山"，大学生创业者应尽量选择与自己的专业、经验、兴趣、特长相匹配的项目。

（三）满足市场需要

市场的供求关系处于不断变动之中，如果创业项目能够选择市场上供小于求的产品或服务，那么不但不用担心销路，还可以争取更大的市场空间，但是切忌盲目跟随热点。

（四）量力而行

大学生创业者应该从小项目做起，在资源不充分的情况下，尽量避免孤注一掷追求高利润的项目。

（五）把握好行业的发展阶段

大学生创业者在创业之前需要评估行业处在发展的哪个阶段，处在成熟期的行业往往市场和利润空间较小，而处在衰落期的行业则往往无利可图，创业者需要结合自身判断找到"朝阳行业"或处于复兴状态的行业。

> **经典案例**
>
> #### 宁远新农人欧阳瑶力：返乡追梦9载 皇菊开出"致富花"
>
> "不是花中偏爱菊，此花开尽更无花。"唐朝诗人元稹在诗句中表达了对菊花的喜爱。初春，晨曦微露，宁远县柏家坪镇可亭村的村民们拿上农具出了门，他们要在茶菊产业扶贫示范园（下称"示范园"）里种下一株株金丝皇菊，等到金秋十月，将会收获满地"黄金"扑鼻香。该示范园的主人系宁远县妇联兼职副主席、湖南省康德佳林业科技有限责任公司董事长欧阳瑶力，一个敢闯敢拼、敢想敢干的"80后"，也是宁远县首届网红直播孵化大赛一等奖获得者。
>
> 1. 返乡创业当一个"新农人"
>
> 2013年，欧阳瑶力放弃深圳舒适的生活，毅然返乡创业，当一个"新农人"。

她挨家挨户询问村民是否愿意流转土地，由此敲开了"开荒拓土"的创业之路，建立起茶菊产业扶贫示范园，开始了以金丝皇菊为主的中药材种植加工。

2. 全国各地学技术，示范园里现转机

创业之初，没有技术也没有人才，欧阳瑶力对种植中药材是一头雾水。为了解决这些问题，她便开始到全国各地学技术，向各大高校及研究机构寻求合作，让自己变得专业。每天晚上，她把苗先选好，早上五六点起床带着村民去种植，几年下来，示范园慢慢出现了转机。

3. 创新种植模式及林下套种，实现农民增收

2015年，欧阳瑶力创办湖南省康德佳林业科技有限责任公司，进一步扩大金丝皇菊种植规模，在中和镇、保安镇也建起示范园，并创新建立"公司＋合作社＋基地＋农户"的种植模式，通过土地流转租赁、务工、产业带动、入股分红等方式帮助村民实现增收。为了全面提升土地的综合效益，她还在林下套种白及、天门冬等名贵中药材，并承诺收购保价，带动村民及合作社种植中药材5000余亩。

4. 学直播学剪视频，利用"云"端扩大销售渠道

为扩大产品销售渠道，欧阳瑶力组织村民集体参加县商务局联合农业电商惠农网举办的电商培训，学习直播带货、短视频拍摄剪辑。村名干起"新农活"，产品通过"云"端销往全国各地。

同时，为进一步提高品牌的知名度与影响力，欧阳瑶力报名参加了县商务局联合惠农网举行的"宁远县首届网红直播孵化大赛"，经过赛前培训、初赛、复赛层层角逐，以前10名的成绩入围决赛。在2小时的决赛直播带货中，欧阳瑶力积极与粉丝互动，从如何辨别品质好坏、产品功效等多个方面声情并茂地推介金丝皇菊，取得了单场总销售额达20万元的好成绩，一举夺魁。

"通过电商网络销售，我们的产品有了销量，村民们的信心和干劲更足了。"欧阳瑶力表示，电商魅力让自己树立起了未来发展的新目标，"我生在农村，长在农村，根在这片土地上，要做新型农民，带领村民走稳电商路，走上致富'花'路。"

二、整合创业资源

（一）创业资源的含义

大学生创业者在选定了创业项目之后，就需要具体分析该项目需要投入哪些资源，以及哪些是必要资源、哪些可以用其他资源代替，自己现有哪些资源、缺乏哪些资源、如何补齐缺乏的资源等。

（二）创业资源的分类

按照性质的不同，可以将创业资源分为以下5类。

1. 人力资源

人力资源是指企业所拥有的用以制造产品和提供服务的人力，是新创企业最关键的资源，是获取、利用和转化其他资源的基础。人具有主观能动性，创业者、创业团队拥有的技能、知识、洞察力、视野、期望等都会深刻而持续地影响企业的运营和发展。

2. 财务资源

财务资源是指企业所拥有的所有以货币形式存在的资金资源，包括现金存款以及可以变现的债券、股票、基金、期货等。

3. 物质资源

物质资源是指创业企业经营所拥有的各种有形资源，如房屋建筑、生产设备、原材料等，还包括自然资源，如土地、矿山、林地等。

4. 技术资源

狭义的技术资源是指企业在产品生产加工、储存、运输的过程中特有的关键技术和工艺流程等，广义的技术资源还包括应用这些技术的专业生产设备。

5. 社会资源

社会资源属于广义的资源范畴，主要指由人际和社会关系网络而形成的关系资源，社会资源不会直接作用于产品的开发、生产、运输和销售这一整套流程，却能够帮助企业获取、利用其他的资源，间接作用于企业的方方面面。

三、设计商业模式

大学生创业是一种商业行为，其主要目的是赢利，因此需要商业模式。商业模式就是这一切问题的答案，它是企业整合资源与能力进行战略规划，以充分创造创业机会并且实现利润目标的内在逻辑；是企业与企业之间、企业的部门之间、企业与消费者之间、企业与渠道之间存在的各种各样的交易关系和联结方式的总和。

四、选择创业途径

创业活动是一项复杂的商业活动，大学生选择适合自己的途径创业有助于企业的开设与运营，最终成功创业。大学生创业的主要途径有以下 5 种。

（一）个人创业

个人创业即大学生创业者依靠自己的力量进行创业活动。个人创业的优势是利益驱动力强、工作效率高、营运成本低、灵活性强，但也有经营规模小、经营方式单一、决策随意性大、大学生创业者常处于孤军奋战的境地等劣势。

（二）团队创业

团队创业即大学生创业者与具有互补性或者有共同兴趣的成员组成团队进行创业。一个由研发、技术、市场、融资等各方面组成的优势互补的创业团队，是创业成功的法宝，特别是对高科技创业企业而言。

（三）大赛创业

大赛创业是指大学生创业者利用各种创业大赛获得资金和平台。创业大赛不仅为大学生创业者提供平台，还为其提供了锻炼能力、转变思想观念的宝贵机会。通过创业大赛，大学生创业者可熟悉创业的流程，积累创业经验，储备创业相关的知识。现在我国具有较高知名度与影响力的大学生创业比赛有中国国际"互联网+"大学生创新创业大赛、"创青春"全国大学生创业大赛和全国大学生电子商务"创新、创意及创业"挑战赛等。

（四）兼职创业

兼职创业是指大学生创业者在学习之余创业。一般来说，大学生兼职创业能够锻炼自己的专业技能，也能提前涉足管理方面事务，同时还能掌握一些行业信息，这样就能为后续相关行业的正式创业积累经验与社会关系。

（五）概念创业

概念创业是指凭借创意、点子或想法进行创业。概念创业适合具有强烈创新意识但缺乏资源的大学生创业者，他们可以通过独特的创意来获得资金、人才等方面的资源。

第二节 大学生创业政策

本节导读：

为支持大学生创业，国家和各级政府出台了许多优惠政策，涉及融资、开业、税收、创业培训、创业指导等诸多方面。对打算创业的大学生来说，了解这些政策，才能走好创业的第一步。本节介绍了大学生创业的政策，希望学习者通过对本节内容的学习，能够在创业中利用好这些政策。

一、国家层面的大学生创业政策

（一）大学生创业税收优惠

持人社部门核发"就业创业证"的高校毕业生在毕业年度内创办个体工商户、个人独资企业的，3年内按每户每年20000元为限额，依次扣减其当年实际应缴纳的增值税、城市维护建设税、教育费附加、地方教育附加和个人所得税。对高校毕业生创办的小型微利企业，按国家规定享受相关税收支持政策。

（二）创业担保贷款和贴息

对符合条件的高校毕业生自主创业的，可在创业地按规定申请创业担保贷款，贷款额度为10万元。鼓励金融机构参照贷款基础利率，结合风险分担情况，合理确定贷款利率水平，对个人发放的创业担保贷款，在贷款基础利率基础上上浮3个百分点以内的，由财政给予贴息。

（三）免收有关行政事业性收费

毕业2年以内的普通高校毕业生从事个体经营（除国家限制的行业外）的，自其在工商部门首次注册登记之日起3年内，免收管理类、登记类和证照类等有关行政事业性收费。

（四）允许注册资金分期到位

高校毕业生在毕业后两年内自主创业，到创业实体所在地的工商部门办理营业执照，注册资金(本)在50万元以下的，允许分期到位，首期到位资金不低于注册资本的10%（出资额不低于3万元），1年内实缴注册资本追加到50%以上，余款可在3年内分期到位。

（五）享受社会保险补贴和培训补贴

对大学生创办的小微企业新招用毕业年度高校毕业生，签订1年以上劳动合同并交纳社会保险费的，给予1年社会保险补贴。对高校毕业生在毕业学年（即从毕业前一年7月1日起的12个月）内参加创业培训的，根据其获得创业培训合格证书或就业、创业情况，按规定给予培训补贴。

（六）免费创业指导服务

有创业意愿的高校毕业生，可免费获得公共就业和人才服务机构提供的创业指导服务，包括政策咨询、信息服务、项目开发、风险评估、开业指导、融资服务、跟踪扶持等内容。

（七）取消高校毕业生落户限制

高校毕业生可在创业地办理落户手续（直辖市按有关规定执行）。

（八）创新人才培养

创业大学生可享受各地各高校实施的系列"卓越计划"、科教结合协同育人行动计划等，同时享受跨学科专业开设的交叉课程、创新创业教育实验班等，以及探索建立的跨院系、跨学科、跨专业交叉培养创新创业人才的新机制。

（九）开设创新创业教育课程

自主创业大学生可享受各高校挖掘和充实的各类专业课程和创新创业教育资源，以及面向全体学生开发开设的研究方法、学科前沿、创业基础、就业创业指导等方面的必修课和选修课，享受各地区、各高校资源共享的慕课、视频公开课等在线开放课程，以及在线开放课程学习认证及学分认定制度。

（十）强化创新创业实践

自主创业大学生可共享学校面向全体学生开放的大学科技园、创业园、创业孵化基地、教育部工程研究中心、各类实验室、教学仪器设备等科技创新资源和实验教学平台。

（十一）改革教学制度

自主创业大学生，可享受各高校建立的自主创业大学生创新创业学分累计与转换制度；还可享受将大学生开展创新实验、发表论文、获得专利和自主创业等情况折算为学分，将大学生参与课题研究、项目实验等活动认定为课堂学习的新探索；同时享受为有意愿有潜质的大学生制订的创新创业能力培养计划，以及创新创业档案和成绩单等系列客观记录并量化评价大学生开展创新创业活动情况的教学实践活动。优先支持参与创业的大学生转入相关专业学习。

（十二）完善学籍管理规定

有自主创业意愿的大学生，可享受高校实施的弹性学制，放宽大学生修业年限，允许调整学业进程、保留学籍休学创新创业等管理规定。

（十三）大学生创业指导服务

自主创业大学生可享受各地各高校对自主创业大学生实行的持续帮扶、全程指导、一站式服务；可享受各地在充分发挥各类创业孵化基地作用的基础上，因地制宜建设的大学生创业孵化基地和相关培训、指导服务等扶持政策。

> **经典案例**
>
> **妙宁水饺店**
>
> 刚大学毕业的妙宁本想去一家企业做会计助理，但在严峻的就业形势下，她觉得创业或许是更好的选择。一天她在逛街的时候，发现街上的小吃店一家接一家，而且每家店的生意都很好。妙宁突然想到了自己最喜欢吃的家乡水饺，于是她毫不犹豫地选择了卖水饺这门生意。
>
> 在妙宁看来，四川水饺名声在外，并且水饺的准备工作主要在前期。妙宁进一步了解到，国家出台了一系列鼓励大学生创业的政策，按照规定她属于毕业年度内自主从事个体经营的高校毕业生，3年内可享受月销售额不超过2万元暂免征收增值税等优惠政策。于是，妙宁通过银行贷款的方式凑齐了前期的启动资金，在所在大学旁的一条小吃街上租了一间小铺面，开始了她的创业之路。开业以来，业绩蒸蒸日上，不久税务部门就与她联系税收减免事宜。

二、湖南省长沙市的大学生创业政策

长沙市委市政府为鼓励和扶持大学生在长沙自主创业，出台了《关于鼓励和扶持大学生自主创业的政策意见》（以下简称"意见"）。

（一）鼓励对象——在读期间和毕业两年内大学生创业皆可获扶持

《意见》涉及的鼓励大学生自主创业，主要是指具有高等专科院校学历以上的大学生、硕士研究生、博士研究生，在读期间或毕业两年以内在长沙初始创办各类企业或从事个体经营，并担任所创办企业或个体工商户的法定代表人。

对零就业、下岗失业、低保户和残疾人家庭大学生自主创业的，给予重点鼓励和扶持。

1. 到农村创办现代农业项目也可获支持

大学生到农村创办现代农业项目，规模种植面积超过50亩、规模养殖年总产值超过20万元，或创办各类专业合作社等经济组织和经济实体的，也将纳入《意见》鼓励和扶持范围。

2. 当上"老板"就能在长沙落户

凡大学生在长沙自主创业的，凭"三证一簿"（身份证、毕业证、毕业生就业报到证和户口簿）和工商登记证明，即可到公安部门办理落户手续。

（二）创业资金——每个项目可申请20万元以内无偿资助

1. 设立两级大学生创业扶持奖励资金

《意见》加大了对大学生创业的资助力度，市本级每年将从创业扶持奖励资金中安排3000万元，区（县、市）每年从创业扶持奖励资金中安排1000万元，主要用于大学生自主创业的各种扶持、奖励和贷款贴息。

2. 每个项目一般在20万元以内

大学生创业项目可以申请无偿资助，由相关部门审批，每个项目一般在20万元以内，且不超过企业自有资金的投入额度。对申请财政贷款贴息的，经审核贴息期限一般不超过2年，年贴息总额度最多可达到10万元。

3. 从事微利项目享两年财政全额贴息

大学生自主创业，可到户口所在地社区劳动保障管理服务中心申请最高5万元的小额担保贷款。大学生合伙经营或组织起来就业并具备一定自有资金和相应反担保条件的，可按其吸纳人员人均5万元以内的额度给予担保贷款，最高为50万元。从事微利项目的，享受两年财政全额贴息。

4. 办企业最高可贷200万

对大学生自主创办的新兴项目，根据企业规模可给予最高200万元的小额担保贷款扶持。贷款期限最长为两年，由同级财政部门按贷款基准利率的50%给予贴息。

5. 帮助创业主体降低融资风险

鼓励大学生以创业项目为平台积极争取国家和省专项资金支持，争取社会风险投资和银信机构融资，市创业扶持奖励资金在所争取资金或融资总额的10%以内给予支持（单个项目最高可达10万元），帮助创业主体降低融资风险。

6. 获上级立项未获资金的，有5万~10万元不等的一次性资助

大学生自主创业的科技项目获得上级资助资金的，由市、区（县、市）科技部门分别给予上级资助金额30%、20%配套，配套资金不低于5万元；对获得上级部门立项的项目或创新成果但未获得资金支持的，给予5万~10万元不等的一次性资助。

7. 三年内，市属行政事业性收费全免

大学生自主创业三年内，同级财政采取先征后返的方式减免其营业税和个人所得税的地方所得部分，市属行政事业性收费全免；经评定为成长性好的项目，可继续享受两年政策优惠。

8. 成功典型给予5万~8万元奖励

长沙市每年将评选30个市级大学生自主创业成功典型，每个给予5万~8万元奖励，奖励资金必须用于企业追加投资扩大再生产。

（三）创业场所——减免经营用房租金、享受3年免费公寓创业场所

创业场所是许多大学生担忧的问题。好一点的写字楼租金贵得离谱，让广大创业大学生望而却步。

1. 设立大学生创业基地

凡新增大学生创办企业20家以上的产业园区（基地、大学、大厦），吸纳大学生创办企业10家以上的企业，可认定为大学生创业基地，每年给予30万~50万元资金补贴。

2. 入驻基地可减免租金

入驻大学生创业基地的大学生自主创办企业，由创业基地提供经营用房，第一年按每月900元、第二年按每月700元、第三年按每月500元减免经营用房租金。

3. 可提供免费创业公寓或宿舍

在长沙没有家庭住所的创业大学生，可由创业基地提供三年免费创业公寓或宿舍。创业基地不能提供免费住处的，可参照廉租房政策，由房产部门给予每人每月160元廉租住房补贴。

4. 基地以外租赁经营场所有补贴

在大学生创业基地以外租赁经营场所自主创办企业的，三年内由房产部门给予经营场所租赁补贴，第一年按每月800元、第二年按每月600元、第三年按每月400元

给予补贴。在长沙没有家庭住所的，还可参照廉租房政策，给予每人每月160元廉租住房补贴。

（四）创业服务——免收工商登记、证照类收费

1. 设创业注册登记绿色通道

在放宽创业准入条件的基础上，对大学生自主创业进行工商登记注册的，工商部门免收登记类、证照类收费，并设立大学生创业注册登记绿色通道，凡大学生注册登记非禁止、非限制类发展项目且无重大要件缺失的，实行即到即办；免费为大学生自主创业办理税务登记证，并提供免费税务知识培训。

2. 开展免费创业培训

大学生到定点创业培训机构参加创业培训合格的，由劳动保障部门按规定提供创业培训补贴。完成GYB（产生你的企业想法）培训每人补贴100元，完成SYB（创办你的企业）培训每人补贴500元。实现自主创业的，凭相关证照再给予每人800元补贴。

3. 多种方式培养学生创业意识

鼓励和引导高等院校实施创业教育培训，将大学生创业技能培训逐步纳入课程设置和讲授范围。积极引入国内外著名创业培训机构，由大学生创业基地提供经营场所，并按照鼓励大学生自主创业政策给予租金减免。

由各级创业办牵头，聘请创业培训教师、成功企业家和政府有关部门专家组建创业导师团，帮助大学生提高创业实践能力。

4. 创业严重受挫可享失业保险待遇

由劳动保障部门和民政部门牵头，实施"创业挫折关怀行动"，创业遇到严重挫折的大学生可按规定享受失业保险待遇，纳入社会救助范围，切实解决其面临的现实生活困难。

> **知识拓展**
>
> **通过正规渠道获取创业帮扶信息**
>
> 随着大学生就业压力加剧，国家在"大力推进创新创业，以创业带动就业"的总体方针下不断改进与完善鼓励和支持大学生创业的相关政策。各地方根据国家的相关指示，结合当地的具体情况，制定了各具特色的大学生创业帮扶优惠政策，并对这些具体的优惠政策不断地进行调整、更新或完善，大学生可咨询当地政府

或查询当地政府网站以获得当地当年的确切帮扶信息。

思考与练习

1. 如何选定创业项目？
2. 创业资源有哪些？
3. 大学生创业优惠政策有哪些？
4. 你对"互联网+"大学生创新创业大赛有哪些认识？

拓展阅读

"互联网+"大学生创新创业大赛

竞赛实践是实现培养创新型、应用型、复合型的优质人才目标的有效抓手，而"互联网+"大学生创新创业大赛则是促进产学研深度融合的纽带。本节以第八届中国国际"互联网+"大学生创新创业大赛为例，介绍了"互联网+"大学生创新创业大赛的基本情况，希望学习者可以通过本节内容的学习，了解"互联网+"大学生创新创业大赛，积极参与"互联网+"大学生创新创业大赛。

第四章

创业者的素质与能力

学习目标

知识目标：

通过对本章的学习，了解创业者的定义和分类，明白创业者应具备的基本素质和能力，并能够对创业者有比较全面的认识，判断自己在创业方面有哪些优势和不足。

思政目标：

1. 通过对创业者素质的了解，明白创业是一个需长期努力奋斗的过程，要培养坚忍的意志和坚持不懈的精神。

2. 通过对创业者能力的了解，明白一个人的能力越强、越全面，则优势越明显，因此要全面提升自己的能力。

创业者的成功绝非偶然，他们本身所具备的素质和能力，使得他们在机会来临时能敏锐地发现并抓住，在面对风险时能够冷静、灵活、坚毅地应对，并抵抗压力，不断开拓创新。究竟什么样的人适合创业，他们具有什么样的性格、能力与价值观，如何对自己是否具有创业特质进行判断和评估，是本章将要探讨的问题。

第一节 创业者概述

本节导读：

创业对大多数人而言是一件极具诱惑的事情，同时也是一件极具挑战的事。不是人人都能成功，也并非想象中那么困难。但任何一个梦想成功的人，倘若他知道创业需要策划、技术及创意，那么成功已离他不远了。创业者不是完人也不是神人，在古今中外的创业史上，大多数创业者都是普通人。希望学习者可以通过对本节内容的学习，了解创业者的类型有哪些，并有信心能成为一名创业者。

一、创业者的定义

创业者是指某个人发现某种信息、资源、机会或掌握某种技术，利用或借用相应的平台或载体，将其发现的信息、资源、机会或掌握的技术，以一定的方式进行转化，创造出更多的财富、价值，并实现某种追求或目标的人。

二、创业者的分类

根据不同的分类标准，创业者可以分为不同的类型。通常，可对创业者从创业过程中所担任的角色和所发挥的作用、从创业的背景和创业者动机等方面来划分。

（一）从创业过程中所担任的角色和所发挥的作用划分

从创业过程中所担任的角色和所发挥的作用划分，创业者可分为独立型创业者和合伙型创业者两种类型。

独立型创业者是指独立出资、自己管理企业的创业者。独立创业的难度和风险较大，或者可能会缺乏管理经验，或缺少财务资源、技术资源、社会资源等某一方面或几方面的条件，压力较大，因而对于创业者自身的综合素质要求较高。

合伙型创业者的创业往往是与兄弟、朋友合伙，是合作性质的，或加盟性质的。

（二）从创业的背景和创业者动机划分

从创业的背景和创业者动机划分，可将创业者分为生存型创业者、变现型创业者和主动型创业者。

1. 生存型创业者

这种创业者大多是生活中的工作机会不好或者丢失工作的人，如刚毕业找不到理想工作的大学毕业生、下岗职工、失去土地或不愿困守乡村的农民。

2. 变现型创业者

变现型创业者是指在从业期间聚拢了大量的资源，在机会适当的时候，自己开公司办企业，将自己所积累的无形资源转变成有形资产的人。

3. 主动型创业者

主动型创业者可以分为盲目型创业者和冷静型创业者两种。

（1）盲目型创业者。盲目型创业者大多数做事冲动，极为自信。

（2）冷静型创业者。他们或是掌握资源，或是拥有技术，一旦行动，他们往往是经过深思熟虑而有充分的创业准备，成功概率通常较高。

第二节 创业者的素质

本节导读：

一个优秀的创业者，必须具有优良的道德品质、坚韧不屈的精神、坚定不移的信念、必胜的信心、巨大的魄力、充沛的精力、丰富的经验、渊博的知识、优异的才能、敏锐的市场洞察力等。希望学习者可以通过对本节内容的学习，了解创业者应该具备哪些素质，并能够主动提升自身的这些素质。

一、创业的激情与创业意识

创业的激情指的不是一时冲动，而是持久的追求与不懈的努力。创业需要百折不挠、坚持不懈的意志。创业是一个长期努力奋斗的过程，立竿见影、迅速见效的事是极少的。要想取得创业的成功，创业者必须具备自我实现、追求成功的强烈的创业意识。强烈的创业意识，能帮助创业者克服创业道路上的各种艰难险阻，将创业目标作为自己的人生奋斗目标。

二、自信、自强、自主、自立的创业精神

自信心能赋予人主动积极的人生态度和进取精神。要成为一名成功的创业者，必须坚持信仰如一，拥有使命感和责任感；信念坚定，顽强拼搏，直到成功。自强就是在自信的基础上，不贪图眼前的利益，不依恋平淡的生活，敢于实践，不断增长自己各方面的能力与才干，勇于使自己成为生活与事业的强者。自主就是具有独立的人格，具有独立思维的能力，不受传统和世俗偏见的束缚，不受舆论和环境的影响，能选择自己的道路，善于设计和规划自己的未来，并采取相应的行动。自立就是凭自己的头脑和双手，凭借自己的智慧和才能，凭借自己的努力和奋斗，建立起自己生活和事业的基础。

三、优秀的创业人格品质

创业人格品质是创业行为的原动力和精神内核。创业是开创性的事业，尤其在困难和不利的情况下，人格品质魅力在关键时刻往往具有决定性的作用。

（1）使命责任。使命感和责任心是驱动创业者勇往直前的力量之源。只有对自己、对家庭、对员工、对投资人、对顾客、对供应商以及对社会拥有高度的使命感和负责精神的创业者，才能赢得人们的信任、尊重和支持。

> **经典案例**

返乡创业，带着家乡人一起致富

孩儿立志出乡关，学不成名誓不还。"90后"的张哲瑜从小在山东省曹县魏湾镇魏湾村长大，对农村有着天然的深厚感情。2013年，从山东财经大学毕业的他放弃了在城市就业的机会，怀揣着农业梦、田园梦、乡村梦返乡创业。

憧憬着家乡人走上共同富裕之路，张哲瑜立足魏湾镇黄河故道湿地的资源优势，联合5名农村有志青年注册成立了曹县万亩荷塘水产种养专业合作社，开始了返乡创业之路。

2014年，张哲瑜流转水面种植莲藕，其中有观赏性荷花。当荷花盛开之时，曹县的老百姓络绎不绝地来观赏、拍照，乡村休闲旅游萌芽了。趁此时机，2015年他又办起了农家乐，为游客提供餐饮，生意十分火爆。"周边的游客不仅观赏荷花、品尝炸荷叶等美食，还希望带走一些大米、莲藕等农特产品。"张哲瑜看到游客的需求，成立了曹县万亩荷塘米业有限公司，注册了商标，从此走上了农产品经营发展之路。

经过近9年的不懈努力，张哲瑜的产业发展到水稻种植面积1.2万亩，带动周边村民种植水稻3000多亩；万亩荷塘景区的观赏荷花、莲藕种植面积达3.6万亩，成为集种植养殖、旅游观光、农产品开发、文创产品研发销售为一体，第一、二、三产业相互融合的多元化经济实体。

自合作社成立以来，张哲瑜采取"公司＋合作社＋基地＋农户"的模式，服务带动农民200多户，每户年均增收3000多元。同时，张哲瑜为附近农民提供就业，带动就业70人，其中雇用五保户、贫困户、残疾人等特殊群体17人，实现了"一人就业、脱贫一户"造福乡里的社会效应。

张哲瑜在发展自己产业的同时，积极为家乡招才引智，招商引资。2020年，他联系了13名有理想、敢拼搏、有一定经济基础的曹县青年，成立了"魏湾镇青年创业联盟"。"联盟会不定期组织茶话会，大家交流返乡创业政策、金融贷款政策、农业政策等话题，尤其是本地人在外创业的会员，大家一起分享创业经验，共同进步。"张哲瑜说。有4名在外创业成功的联盟会员已经回到家乡创办企业，固定资产投资达到2000万元，年吸纳安置劳动力168人。

张哲瑜和联盟会员有一个共同观点："农业是一个永不败落的行业，农产

> 品是老百姓的必需品。自从实施乡村振兴战略以来，曹县的老百姓对地方农业产业的发展，甚至是县域经济的推动作用非常明显，而且产业发展得好又反哺一方百姓，百姓富裕了又会投入到农业产业中去，形成了一个多方受益的良性循环。"
>
> 张哲瑜重视产品的全产业链研发，产业发展理念由水稻、莲藕等种养为主的一产转向产品精深加工为主的二产以及荷叶、莲蓬等工艺品研发为主的三产。张哲瑜建造荷叶茶生产基地，生产高端荷叶茶，并添加了冰糖、玫瑰花、莲子心，制作成了女士专用茶。同时，张哲瑜和他的创业团队一起，定做了高档彩瓶和首饰盒，将荷叶、莲蓬制作成干花摆件，莲子制成手串、手镯、挂件，文化创意使农产品一跃而成艺术品，大幅度提升了附加值，提高了莲藕种植的综合效益，提升了农民发展水产品种养的积极性。
>
> 2022年，拥有"全国乡村振兴青年先锋""山东省第七届齐鲁乡村之星""山东省乡村好青年"等荣誉称号的张哲瑜又组织了电商团队，在淘宝、京东平台销售曹县地区的大米、芝麻糖、芦笋、辣椒酱等24种农特产品。
>
> 张哲瑜带领团队将主要精力放在二产加工和电商运营上，不盲目扩大种植面积和运营项目，深挖精深加工产品特性，深挖曹县文化并将其植入到产品中，开发出有地域人文特色的农产品，为家乡乡村振兴注入活力，带领乡亲们走出一条电商致富路。

（2）创新冒险。创新是创业精神的核心要素，创新意识和冒险精神是进行创业的内在要求。创业的开创性需要有冒险精神，需要有胆略和胆识。同时，在创业实践中也要有风险意识，要注意冒险精神和风险意识的平衡，保持理性思维，降低风险损失。

（3）坚忍执着。创业是对人的意志力的挑战。面对险境、身处逆境能否坚持信念、承受压力、坚持到底常常决定创业的成败，最后的成功往往就在再坚持一下的努力之中。

（4）正直诚信。正直诚信是创业者必备的品质，它体现了成功创业者的人格魅力。

四、一定的创业知识素养

创业知识是进行创业的基本要素。创业需要专业技术知识、经营管理知识和综合性知识三类知识。创业者不仅要具备必要的专业知识,更要掌握必备的现代科学、文学、艺术、哲学、伦理学、经济学、社会学、心理学、法学等综合性知识和经营管理知识。

五、强烈的竞争意识

竞争是市场经济最重要的特征之一,是企业赖以生存和发展的基础,也是立足社会不可或缺的一种精神。人生即竞争,竞争本身就是提高,竞争的目的只有一个,那就是取胜。创业者只有敢于竞争、善于竞争,才能取得成功。创业者创业之初面临的是一个充满压力的市场。如果创业者缺乏竞争的心理准备,甚至害怕竞争,就只能是一事无成。

六、良好的人际关系

良好的人际关系可以帮助创业者排除交流障碍,化解交往矛盾,降低工作难度,提高客户的信任度,从而提高办事效率,增加成功的机会,并且良好的人际关系还会有助于创业者在遇到困难时及时得到朋友的帮助。

七、良好的创业心理品质

自主创业就等于是一个人去面对变化莫测的激烈竞争以及随时可能出现的需要迅速正确解决的问题和矛盾,这需要创业者具有非常强的心理调控能力,能够持续保持一种积极、沉稳的心态,即有良好的创业心理品质。它是对创业者在创业实践过程中的心理和行为起调节作用的个性心理特征,它与人固有的气质、性格有密切的关系,主要体现在人的独立性、敢为性、坚韧性、克制性、适应性、合作性等方面,它反映了创业者的意志和情感。创业的成功在很大程度上取决于创业者的创业心理品质。

第三节 创业者的能力

本节导读:

　　创业者的能力是个人或团体从事开拓性活动时所具备的特殊的心理能力和个性品质,是创业者解决在创业及创业企业成长过程中遇到的各种复杂问题的本领,是创业者基本素质的外在表现,创业者的能力是创业者整体素质体系中的核心要素。希望学习者可以通过对本节内容的学习,了解创业者应该具备哪些能力,并能够主动提升自身的这些能力。

一、机会识别能力

　　在稍纵即逝的机会面前,能敏捷捕捉、明智决断,是创业者创业的基本功。只有以一种近乎病态痴狂的态度去等待、感悟、抓住机会的人,才能够不失时机地进行创业,成为合格的创业者。

二、战略决策能力

　　创业者的决策能力集中体现在创业者的战略决策能力上,即创业者在对新创企业外部经营环境和内部经营能力进行周密细致的调查和准确而有预见性的分析的基础上,确定企业发展目标、选择经营方针和制定经营战略的能力。虽然创业者有时候也进行一些战术性决策,但更多的精力是用于战略决策。

三、战略管理能力

　　把创业仅仅看作是一种天赋、灵感与智慧的闪念是完全错误的,创业始终是一种可以管理也需要管理的系统工作,创业者绝不能坐等灵感的降临。管理主要是针对机会的捕捉和利用，有许多发明家，虽然擅长创新，也有创业的宏愿，但由于管理意识薄弱，常常错失良机，实现不了将创新成果向创业成果的转化，并且他们也没有意识到，只有通过常态的管理机制，才能更好地进行发明创造。

四、开拓创新能力

创业者必须具备创新能力，这是由经营管理活动的竞争性所决定的。只有不断地用新的思想、新的产品、新的技术、新的制度和新的工作方法来替代原来的，才能使企业在竞争中立于不败之地。

五、社会网络构建能力

创业者必须善于建立本行业的广泛社会网络，密集的行业网络沟通有助于创业者从广泛的社会网络中获取高回报的创业信息，促使创业者在巨型网络提供的信息精华中，吸取经验教训、培养创业精神，既勇于冒险，又坦然地接受失败。

六、组织管理能力

创业者具有把各项生产要素有机组合起来，形成系统整体的杰出才能。创业者就是研究、开发、生产、销售等各个环节的协调者、组织者和领导者。为使创业者的组织才能发挥到最高水准，创业者必须具备敏锐的判断力、坚韧的毅力，以及高超的管理艺术。

> **知识拓展**
>
> **领导力模型**
>
> 1. 五维领导力模型
>
> 2006 年中国科学院基于领导过程构建了五维领导力模型，如图 4-1 所示。
>
> 2. 六维领导力模型
>
> 20 世纪 80 年代，科学家托尼·布赞，提出思维导图的概念，基于此，国内北

京大学汇丰商学院领导力研究中心提出360度领导力模型构成领导力模型的六种能力，即六维领导力模型，如图4-2所示。

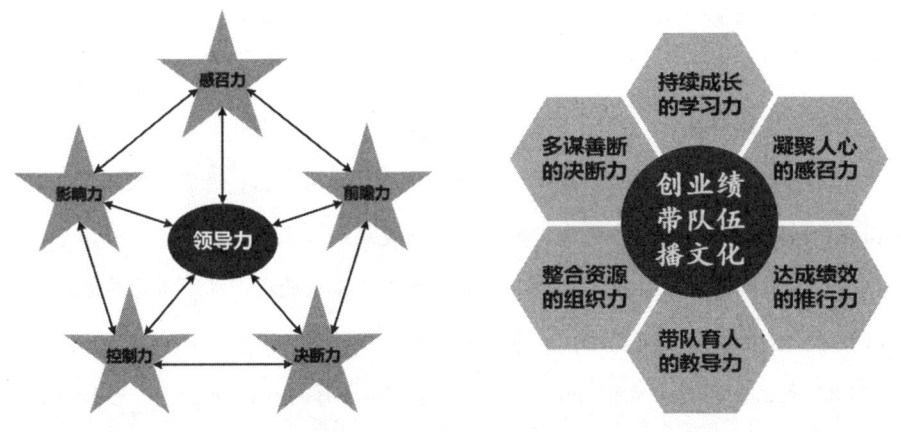

图4-1　五维领导力模型　　　　　图4-2　六维领导力模型

经典案例

蓝思科技周群飞：从流水线女工到玻璃女王

周群飞，蓝思科技创始人。

从流水线女工到"手机玻璃大王"，周群飞身上有着一股不甘平庸、追求卓越的精神，她是全球白手起家女富豪的典型代表。

1. 15岁辍学打工

父亲双目失明、母亲撒手人寰、家庭穷困潦倒，这些构成了周群飞悲惨的童年。由于交不起学费，15岁的她不得不辍学打工。

周群飞南下深圳，进入澳亚光学手表玻璃厂做工人。她白天工作，晚上读夜校，凭借勤学好问的精神，考取了会计证等多个技能证书，为之后的发展奠定基础。

当时，澳亚光学工厂扩建，周群飞毛遂自荐："如果亏了你的钱，我一辈子给你打工，如果赚了，工资随便你给！"周群飞的魄力让老板眼前一亮，于是老板提拔她为新厂厂长。

担任厂长期间，周群飞潜心钻研丝网印刷技术，并将其创新性地应用到生产当中，印出来的手表玻璃效果非常好，工厂的效益节节高升。

然而，由于老板并不完全信任周群飞，老板的亲戚处处排挤她，无奈之下，她决定自立门户。

1993年，周群飞和几个亲戚在深圳宝安租了套三室一厅的民房，开启了创业征程。

2. 创办蓝思科技

创业初期，周群飞给手表玻璃进行丝网印刷。面对员工、资源、人脉"三无"的困境，她事无巨细，亲力亲为，每天都忙到凌晨两三点。

为了拿到订单，她挨家挨户上门拜访，受尽了各种脸色。尽管常常吃闭门羹，周群飞依然坚持到底。慢慢地，生意越来越好，小作坊初具规模。

1997年，亚洲金融危机呼啸而至，周群飞的小作坊受到冲击，一些客户货款回收更加艰难。"付不起加工费，他们就把一些旧设备折价给我。这些设备，正是手表玻璃加工产业链上的重要设备。"

周群飞抓住机会，将这些旧设备整修翻新，然后再购进几台研磨机、仿形机，形成一条完整的手表玻璃生产线。小作坊由此化险为夷，获得快速发展。

随着周群飞负责加工的玻璃屏幕手机TCL 3188问世，玻璃屏幕手机成为主流。她瞄准机会，决定进军手机玻璃市场。

2003年，周群飞创立蓝思科技，从手表玻璃供应商转变为手机玻璃供应商。

3. 手机玻璃大王

然而，转型之路并不顺利，第一年公司不赚反亏，合伙人将200万投资全部撤回，周群飞陷入困境。

此时，摩托罗拉找到周群飞，提出要购买蓝思科技的玻璃屏，但是要先出样品。为了达到摩托罗拉的标准，周群飞三天三夜没睡觉，在车间做实验、找参数，终于攻克技术难关，蓝思科技成为摩托罗拉视窗镜片独家供应商。

2007年，苹果希望将多点触控技术应用到智能手机上，但是在产品设计上遇到了困难。苹果找到周群飞，顺利解决了屏幕技术问题，但是苹果顾虑蓝思科技的产能较小。

为此，周群飞迅速在湖南浏阳建立新的生产基地，并且严格把控每一个生产细节，最终获得苹果的认可，成为苹果供应商，周群飞也一跃成为"手机玻璃大王"。

> 如今，蓝思科技已经成功上市。周群飞多次蝉联湖南首富。2018年胡润百富榜显示，周群飞夫妇身价高达395亿元。
>
> "我就是个这样的人，不服输，不安于现状，追求完美，不停给自己压力。"

实践训练

进行创业者自我素质及能力测试

◆ **实践目的**

1. 通过测试让学生认识到创业者必须具备一定的素质和能力。
2. 使学生了解到自己在创业方面还有哪些欠缺。

◆ **实践流程**

1. 进行自我素质及能力测试

（1）果断性测试

表 4-1 果断性测试题

题号	测试题	是（能）/否
1	你能在旧的工作岗位上轻而易举地适应与过去的习惯迥然不同的新规定、新方法吗？	
2	你进入一家新的单位，能够很快适应这一新的集体吗？	
3	你要为家里购买一台风扇，发现风扇的造型、档次、功效极为丰富，远不是当初想象的那么简单。你是否走遍全市所有商店才决定要买哪种？	
4	若熟人为你在其他单位提供一个薪俸更加优厚的职位，你是否会毫不犹豫地答应前往？	
5	如果做错了事，你是否打算一口否认自己的过失，并寻找适当的借口为自己开脱？	
6	平常你能否直率地说明自己拒绝某事的真实动机，而不虚构一些理由来掩饰？	
7	在讨论会上，经过一番辩论和考虑，你能否改变自己以前对某个问题的见解？	
8	你履行公务或受人之托阅读一部他人作品，作品主题鲜明，可你对写作风格很不欣赏，那么，你是否会坚持按自己的想法对它大幅度修改？	

续表

题号	测试题	是（能）/否
9	你在商店橱窗里看到一件十分中意的东西，但它非你所需，你是否会买下来？	
10	如果一位很有权威的人士对你提出劝告，你是否会改变自己的决定？	
11	你总是预先设计好度假的节目，而不"即兴发挥"吗？	
12	对自己许下的诺言，你是否一贯恪守？	
13	假若你了解到在某件事上上司与你的观点截然相反，你还能直抒己见吗？	
14	今天是校友会踏青的日子，你打扮得潇洒利落。但天气似乎要变，带雨具又难免累赘，你能很轻松地马上作出决定吗？	
15	你花费了很多时间和精力做出一个设计方案，看起来很不错，可总觉得非最佳方案，你是否请求暂缓提交，再仔细斟酌一下呢？	

（2）意志力测试

下面每个题都有四个备选答案：A.很符合自己的情况；B.比较符合自己的情况；C.介于符合和不符合之间；D.不大符合自己的情况。根据测试题的内容，你可以从这四项备选答案中选择一项你认为符合自己实际情况的，填入表4-2中的答案一栏。

表4-2 意志力测试题

题号	测试题	答案
1	我给自己定的计划，常常因为主观原因不能如期完成。	
2	我的作息没有什么规律性，经常随着自己的情绪和兴致而变化。	
3	一般来说，我每天都按时起床，不睡懒觉。	
4	我做一件事情的积极性主要取决于这件事情的重要性，即该不该做，而不在于对这件事情的兴趣，即不在于想不想做。	
5	我信奉"凡事不干则已，干则必成"的信条，并身体力行。	
6	我认为做事情不必太认真，做得成便做，做不成便罢。	
7	我下决心办的事情，不论遇到什么困难，都会坚持下去。	
8	生活中遇到复杂情况时，我常常举棋不定，拿不定主意。	

续表

题号	测试题	答案
9	我常因读一本引人入胜的小说或看一个精彩的电视节目而忘记时间。	
10	有时躺在床上,下决心第二天要干一件事情,但第二天这种劲头又消失了。	
11	我希望做一个坚强的、有毅力的人,因为我深信"有志者,事竟成"。	
12	我相信机遇,很多事实证明,机遇的作用有时大大超过个人的努力。	
13	我和同事、朋友及家人相处时,很有克制力,从不无缘无故地发脾气。	
14	我生来胆怯,没有十二分把握的事情,我从来不敢去做。	
15	我不怕做从来没有做过的事情,也不怕一个人独立负责重要的工作,我认为这是对自己很好的锻炼。	
16	在和别人争吵时,我有时虽明知自己不对,却忍不住要说一些过头话,甚至骂对方几句。	
17	我喜欢遇事自己拿主意,当然也不排斥听取别人的建议。	
18	凡是比我能干的人,我不大怀疑他们的看法。	
19	在学习与娱乐冲突的时候,即使这种娱乐很有吸引力,我也会决定马上去学习。	
20	我做事喜欢挑容易的先做,难做的则能拖就拖,实在不能拖时,就赶时间做完算数,别人不大放心让我干难度大的工作。	
21	我决定做一件事时,常常说干就干,决不拖延或让它落空。	
22	我的兴趣多变,做事时常常是这山望着那山高。	
23	我能长时间做一件事情,即使它枯燥乏味。	
24	我在学习和工作中遇到了困难,首先想到的就是问问别人有什么办法。	
25	对于别人的意见,我从不盲从,总喜欢分析、鉴别一下。	

(3) 人际交往能力测试

人际交往能力是创业者必须具备的基本能力,也是一个创业者取得成功的前提。本测试的主要目的就是考查大学生的人际交往能力,因此,请认真思考下列问题,并从A、B两个选项中选出一个你认为最符合自己情况的一项,填入后面的括号内。

①你并不同意你朋友的新爱好,假如他征求你的意见,你会(   )

A. 直截了当地表示反对　　　　　　B. 试图找出一个得体的说法

②要是有人邀请你，这次邀请对你来说又非常重要，你去时（　　）

A. 穿着舒服，随便　　　　　　　　B. 穿适合这种场合的衣服

③你的朋友因家庭纠纷找你，希望听一听你的建议，你会怎么办呢？（　　）

A. 不表示自己的态度　　　　　　　B. 按你的看法评价谁是谁非

④要是有一件小事使你苦恼时，你会（　　）

A. 闷在心里　　　　　　　　　　　B. 随便告诉熟人

⑤假如你遇见一个熟人，但想不起他的名字时，你会怎么办呢？（　　）

A. 难为情地急忙走开　　　　　　　B. 坦率地承认你记不起他的名字了

⑥有人讲了个有趣的故事，但记不清如何收尾了，而你知道结尾时，你会（　　）

A. 将结尾讲出来　　　　　　　　　B. 保持沉默

⑦一个朋友滔滔不绝地叙述一个电视节目，而你认为这个节目没有意思，于是你说：（　　）

A. 这个节目我没有看过，但我想看看　　B. 这个节目我看过，但不喜欢

⑧你由于一时大意，同一天安排了两个约会，那么你将赴哪个约会呢？（　　）

A. 赴先定的那个约会　　　　　　　B. 赴更重要的约会

2. 诊断测试结果

表 4-3 三个测试项目评分标准和诊断结果

测试项目	评分标准	诊断结果
果断性测试	1~5题，"是（能）"得3分，"否"得0分。 6~8题，"是（能）"得4分，"否"得0分。 9~10题，"是（能）"得0分，"否"得3分。 11~14题，"是（能）"得3分，"否"得0分。 15题，"是（能）"得0分，"否"得3分。	A型（0~13分）：优柔寡断。任何决定对你来说都是一桩难事，你总得反复和朋友商量后作出一个并不爽快的决定。不过你可以试着在日常琐事上"冒险"一些，时间一长也会有所改善。 B型（14~25分）：小心审慎。在需要紧急决断的事上，你可以当机立断，一旦做决定的时间比较充裕，就会依靠别人，其实你是有决断能力的，一定要相信自己的头脑和经验。 C型（26~35分）：相当果断。你具有足够的逻辑判断力和丰富的经验，这使你能迅速作出合理的决定。偶尔出现错误，你一旦意识到就会加以补救。 D型（36分及以上）：极其果断。你不曾体验过犹豫的滋味，如果辅以开阔的眼界以及合理的知识结构，你会是大集团强有力决策人的合适人选。

续表

测试项目	评分标准	诊断结果
意志力测试	单数题号，A记4分，B记3分，C记2分，D记1分；双数题号，A记1分，B记2分，C记3分，D记4分。各题得分相加，统计总分。	100分：说明你意志力很坚强。 80~99分：说明你意志力比较坚强。 60~79分：说明你意志力一般。 40~59分：说明你意志力比较薄弱。 39分及以下：说明你意志力很薄弱。
人际交往能力测试	1~8题，答案分别为：B、A、A、B、B、B、A、A。如果你的选择与上述答案相符，则记3分，反之记0分。	24分的，表明你的人际交往能力非常强，你非常擅长人际沟通和处理人际关系中的各种问题，能和同事或同学友好相处。 15~21分的，表明你的人际交往能力比较强，你比较擅长处理人际关系，对人际关系中出现的各种问题能够较为妥善地处理。 9~12分的，表明你的人际交往能力一般，你清楚自己在人际交往中出现的问题，但却不知该如何去解决。 9分以下的，表明你的人际交往能力有待提高，需要不断向别人学习人际交往方面的技巧和经验。

3. 分析总结

大学生通过对自身的果断性、意志力、人际交往能力进行测试，为自己能否进行创业提供了一个必要的参考。请就此回答下述问题。

（1）通过测试，你认为自己还需提高哪方面的能力？你准备如何去提高？

（2）就目前你对社会发展的理解，你认为人际交往能力对于创业来说影响大吗？为什么？

4.实践思考

请利用课余时间,搜集有关成功人士所具备的各种能力及相关资料,撰写一篇300字的总结,和同学们分享、交流自己的心得体会。

思考与练习

1. 创业者的分类有哪些?
2. 创业者的必备素质有哪些?
3. 创业者的必备能力有哪些?

第五章
创业机会与风险防范

学习目标

知识目标：

通过对本章的学习，掌握识别和把握创业机会的方法，了解影响创业项目选择的因素，熟悉选择创业项目需遵循的原则，掌握识别和防范创业风险的方法。

思政目标：

1. 当一个新事物出现，只有5%的人知道时，赶紧做，这就是机会，早做就能占得先机。因此做任何事都要能把握住机会，培养善于发现机会的能力。

2. 许多事情都可能存在风险，我们在日常生活中要能运用正确的方法来规避风险。

创业是充满了不确定性的活动，只有敏锐地识别并把握创业机会，才可能取得成功。另外，创业项目选择的正确与否也是创业能否成功的关键。创业者找到机会，在创业选择和运行的过程中，随时面临各方面的风险，风险是对创业的直接威胁，只有合理应对风险才能取得创业的成功。因此，大学生在创业过程中要能充分把握住创业机会，并能掌握应对风险的方法。

第一节 创业机会评估与把握

本节导读：

创业往往是从发现、把握、利用某些或某个商业机会开始的，发现和识别创业计划是创业成功最重要的一步，一个好的商机、一个好的创业机会是创业成功的重要基础。希望学习者可以通过对本节内容的学习，了解创业机会的概念和类型，掌握评估创业机会的方法，并能够培养把握机会的智慧和果敢。

一、创业机会概述

（一）创业机会的概念

创业机会可以从以下几个方面来理解：

（1）创业机会是可以为购买者或使用者创造或增加价值的产品或服务，它具有吸引力、持久性和适时性。

（2）创业机会是一种新的"目的—手段"关系，它能为经济活动引入新产品、新服务、新原材料、新市场或新组织方式，并得到比生产成本更高的价值。比如：微商就是新市场环境下所产生的一种新的经济关系。

（3）创业机会主要是指具有较强吸引力的、较为持久的、有利于创业的商业机会，创业者据此可以为客户提供有价值的产品或服务，并同时使创业者自身获益。比如，微信公众号通过自身的宣传方式获取粉丝，为粉丝提供较为持久的产品或服务，然后自身也从中获益。

创业机会，也称商业机会或市场机会，是指具有吸引力的、较为持久的和适时的一种商务活动空间（机会窗口），并最终表现为能为消费者或客户创造价值或增加价值的产品或服务，并同时使创业者自身获益。

创业机会是在社会经济活动中形成的一种有利于企业经营成功的因素，是一种带有偶然性并能被经营者认识和利用的契机。

（二）创业机会的类型

从创业机会的来源角度，可以将创业机会分为以下几种类型：

（1）技术机会：技术突破机会、工艺创新机会、技术扩散机会、技术引进和后续开发机会。

（2）市场机会：市场上出现了与经济发展阶段有关的新需求、市场供给缺陷产生的新的商业机会、先进国家（或地区）产业转移带来的市场机会，从中外比较中寻找差距，差距中往往隐含着某种商机。

（3）政策机会：宏观环境、行业或者区域环境。

（三）创业机会的来源

1. 来自问题的存在

创业机会主要来自一定的市场需求和变化，创业的根本目的是满足顾客需求。顾客的需求，主要包括五个方面：

（1）帮助顾客赚钱；

（2）帮助顾客省钱；

（3）帮助顾客节约时间；

（4）帮助客户提供便利；

（5）帮助客户满足生理、心理上的需求（包括安全感、荣誉感、舒适度等）。

顾客需求在没有满足前就是问题。比如，上海有一位大学毕业生发现远在郊区的本校师生往返社区交通十分不便，于是创办了一家客运公司，这就是把问题转化为创业商业机会的成功案例。

> **经典案例**
>
> **机会就在我们身边**
>
> 　　21 岁的松元是一名在日本东京市区上班的工厂工人，但他的住处却在 80 多千米外的郊区。由于他没有车，所以每天只能乘坐地铁或公交车往返。
>
> 　　跟众多日本男人一样，每天下班后，松元都会约上几个好友，去单位附近的酒吧喝上几杯，然后带着微微的醉意，赶末班地铁或公交车回家。
>
> 　　由于需要 1 个多小时才能到住处，如果碰到意外情况，时间会更长，松元常常会在车上不知不觉就睡着，等醒来后才发现自己早已错过了目的地，车子已经到了终点站。
>
> 　　每次下车后，松元都非常懊恼，因为此时已没有任何返程车了，要想回到住处，唯一的办法是打出租车。但问题是，在日本打出租车非常贵，而等到晚上 11 点后，费用会上涨 30%。
>
> 　　由于怕坐过站，每次在末班车上，松元都极力让自己保持清醒，不敢轻易睡着，这让他感到非常痛苦。后来，松元发现有着同样遭遇和处境的人远不止他一个，很多家离办公室较远的人都有同样的苦恼。
>
> 　　一次，松元在坐车时突然想：如果自己能在地铁和公交车的终点站附近盖一些旅馆，让那些坐过站的人有一个地方住，问题不就解决了吗？
>
> 　　说干就干，松元开始找合伙人，然后贷款购买了地皮，由于地铁和公交车的终点站都很偏远，荒凉得很，所以它们附近的地价非常便宜，建旅馆的费用比在东京便宜很多，日常运营的开销也很低。可松元的旅馆每晚的收费却不低，跟东京市区的差不多，但尽管如此，依然有很多人前来住宿，因为跟高得吓人的出租车费用相比，旅馆住宿的费用相对比较划算。现在松元已经开了近 70 家"终点站旅馆"，他也从一个昔日连车都买不起的人，摇身变成了一个百万富翁。
>
> 　　机会面前人人平等，但机会往往又偏好出现在某个不明显的拐角处，能发现它们的人，大多是那些具有敏锐洞察力且敢想敢干的人，因此想要成功创业的人，一定要有一双善于观察的眼睛，要能发现并抓住商机。

2. 来自环境的变化

　　创业的机会大都产生于不断变化的市场环境，环境变化了，市场需求、市场结构必然发生变化。尤其是在今天这个"唯一能够确定的就是不确定性"的复杂动态环境中，蕴藏着各种商机。

著名管理大师彼得·德鲁克将创业者定义为那些能"寻找变化，并积极反应，把它当作机会充分利用起来的人"。比如居民收入水平提高，私人轿车的拥有量将不断增加，这就会派生出汽车销售、修理、配件供应、清洁、装潢、二手车交易、陪驾等诸多创业商业机会。

3. 来自创造发明

创造发明提供了新产品、新服务，更好地满足顾客需求，同时也带来了创业机会。在人类社会发展史上，每次重大的发明创造都引起产业结构的重大变革，产生无数的创业机会。

即使你不能发明新的东西，但如果能跟上时代的步伐，成为销售和推广新产品、新服务或新技术的人，也会带来无限商机。比如随着电脑的诞生，电脑维修、软件开发、电脑操作的培训、图文制作、信息服务、网上开店等创业商业机会随之而来。

4. 来自竞争

在市场竞争过程中，要能够针对竞争对手的不足，将自己的优势充分发挥出来或者采取差异化的产品或者服务方案，为顾客提供更具价值的产品或者服务，如果你能弥补竞争对手的缺陷和不足，那么，你将找到竞争夹缝中的机会，这也将成为你的创业商业机会。

5. 来自新知识、新技术的产生

新知识、新技术产生，通常都会带来具有变革性、超过价值的新产品和新服务，能更好地满足顾客的需求，伴随而来的则是无处不在的创业机会。

新知识、新技术的出现改变了企业间的竞争手段和模式，也使得拥有新知识、新技术的人成功地发现和利用机会的能力大大提高，从而使得创业机会激增。

> **知识拓展**
>
> **ChatGPT 深刻影响创业生态**
>
> "ChatGPT 火了之后，我们在反思，ChatGPT 为什么没有诞生在中国？"华南理工大学工商管理学院（创业教育学院）院长许治今天在广发证券大学生微创业行动华南区微创营创业专题培训上提到，新一代人工智能技术将改变许多工作形态和创新创业模式，有规律、高度重复、技术含量低的工作将被取代。"我们

要反思的是，在今天这样的时代，我们的创业导向是什么？"

许治是广东省珠江学者特聘教授，广东省自然科学基金创新团队、广东省科技智库核心成员，长期致力于创新生态与孵化器治理等领域研究工作，曾获评第六届中国国际"互联网+"大学生创新创业大赛优秀创业导师。在他看来，以ChatGPT为代表的新一代人工智能技术已经深刻影响创业生态和创新模式，这类生成式AI的诞生和发展将为创新创业机会带来一次重新洗牌。

就像当年的互联网搜索引擎、门户网站，以及智能网联汽车一样，许治判断ChatGPT这类生成式AI将让入口级创业机会再次涌现，而一些有规律、高度重复、技术含量低的工作将会被其取代。

ChatGPT已经火遍全球，其母公司OpenAI在开发这个生成式AI产品时使用的大部分底层技术，都是此前业内人士使用过的，并不完全是新开发的技术。"它用大家熟悉的底层技术，通过长期的坚持做成了。"作为一名从事创业教育的教授，许治认为这给创新创业带来了启发和反思："在今天这样的时代，我们的创业导向是什么？"

许治认为，近些年的互联网创业项目有很多都属于"开采型创业"，较多依靠商业模式的创新，用互联网思维改造传统产业，比如滴滴打车、社区团购、直播带货等等。这类创业模式的成功很大程度上来自中国市场的人口红利支撑。"但是如果我们所有的创业都是一种'开采型创业'，只靠商业模式突破的话，我认为不完美。"

他引用一项调查研究指出，中国的创业者更加擅长从科技应用中寻找传统产业在数据时代的新应用，这是中国创业者的特长和优势，但不应该是全部，甚至也不应该成为未来中国创业者的主流。

"我们的创业以市场开拓创业为主，技术导向创业不足；以成本机会导向为主，价值引领创新不足。"他认为，面向未来的AI时代，中国的创业者应该进一步思考，如何基于技术拓展去创业。他呼吁年轻创业者应该抛弃短期功利主义的价值取向，追求解决社会难题、提高社会幸福度的创业，在某个极细分的产品或赛道上把质量或功能做到极致。"

二、创业机会的评估

（一）创业机会评估准则

创业团队与投资者均对创业前景寄予极高的期待，创业者更是对创业机会在未来所能带来的丰厚利润满怀信心。事实上，新创业获得高度成功的概率大约不到1%。

创业本身是一种做中学的高风险行为，若能预先对创业机会进行比较客观的评估，创业成功的概率也可以大幅提升。

以下我们针对创业机会的市场与效益面，提出一套评估准则，并说明各准则因素的内涵，目的是为创业者评估是否投入创业开发提供决策参考。

1. 市场评估准则

（1）市场定位：一个好的创业机会，必然具有特定市场定位，专注于满足客户需求，同时能为顾客带来增值的效果。创业带给顾客的价值越高，创业成功机会也会越大。

（2）市场结构：针对创业机会的市场结构进行6项分析，包括进入障碍、供货商、顾客、经销商的谈判力量、替代性竞争产品的威胁，以及市场内部竞争的激烈程度。

（3）市场规模：市场规模大者，进入障碍相对较低，市场竞争激烈程度也会略为下降。反之，一个正在成长中的市场，通常也会是一个充满商机的市场，所谓水涨船高，只要进入时机正确，必然会有获利的空间。

（4）市场渗透力：对于一个具有巨大市场潜力的创业机会，市场渗透力（市场机会实现的过程）评估将会是一项非常重要的影响因素。聪明的创业家知道选择在最佳时机进入市场，也就是市场需求正要大幅增长之际，你已经做好准备，等着接单。

（5）市场占有率：创业机会预期可取得的市场占有率目标，可以显示新创公司未来的市场竞争力，要成为市场的领导者，最少需要拥有20%的市场占有率。如果市场占有率低于5%，自然也会影响未来企业上市的价值。

（6）产品的成本结构：产品的成本结构，也可以反映新企业的前景是否亮丽。例如，从物料与人工成本所占比重、变动成本与固定成本的比重，以及经济规模、产量大小，可以判断企业创造附加价值的幅度以及未来可能的获利空间。

2. 效益评估准则

（1）合理的税后净利：一般而言，具有吸引力的创业机会，需要能够创造15%以上税后净利。

（2）达到损益平衡所需的时间：合理的损益平衡时间应该能在两年以内达到，但如果三年还达不到，恐怕就不是一个值得投入的创业机会。

（3）投资回报率：考虑到创业可能面临的各项风险，合理的投资回报率应该在25％以上。一般而言，15％以下的投资回报率，是不值得考虑的创业机会。

（4）资本需求：资金需求量较低的创业机会，一般会比较受投资者欢迎。事实上，许多个案显示，资本额过高其实并不利于创业成功，有时还会带来稀释投资回报的负面效果。

（5）毛利率：毛利率高的创业机会，相对风险较低，也比较容易取得损益平衡。一般而言，理想的毛利率是40％。当毛利率低于20％的时候，这个创业机会就不值得再予以考虑。

（6）策略性价值：策略性价值与产业规模、利益机制、竞争程度密切相关，而创业机会对于产业价值链所能产生的增值效果，也与它所采取的经营策略与经营模式密切相关。

（7）资本市场活力：当新企业处于一个具有高度活力的资本市场中时，它的获利回收机会相对也比较高。不过，对投资者而言，市场低点的成本较低，有的时候反而投资回报会更高。一般而言，新创企业活跃的资本市场比较容易产生增值效果，因此资本市场活力也是一项可以用来评价创业机会的外部环境指标。

（8）退出机制与策略：所有投资的目的都在于回收，因此退出机制与策略就成为一项评估创业机会的重要指标。企业的价值一般也要由具有客观鉴价能力的交易市场来决定，而这种交易机制的完善程度也会影响新企业退出机制的弹性。由于退出的难度普遍要高于进入的难度，所以一个具有吸引力的创业机会，应该要为所有投资者考虑退出机制，以及退出的策略规划。

总之，创业机会的评价，并没有严格的标准，很多时候各种因素的权衡都是很困难的，不能简单地以权数来确定。机会识别与开发过程和产品研究与开发过程很相似，不过产品研究与开发过程的结果是新产品，而成功的机会开发过程的结果是新企业的创立。机会开发过程包括机会的识别、评价和开发，机会评价贯穿整个创业机会的识别与开发过程。一个机会是否能够通过每个阶段预先设置的门槛，在很大程度上取决于创业者经常面对的约束或限制，如创业者的目标回报率、风险偏好、金融资源、个人责任心和个人目标等。一个不能成功通过某一阶段的评价门槛而进入下一阶段的机会，将被修订甚至被放弃。因此，通过循环反复的识别、评价、开发步骤，一个最初的商业概念或创意才会逐步完善起来。

（二）创业机会评估方法

创业机会的评价是一件非常复杂的事情。国内外学界和业界提出了许多评估创业机会的具体方法，大致可以分为定性分析、定量分析、定性与定量结合分析等方法。

定性分析是指创业者依靠经验、直觉、商业敏感性等能力对创业机会快速做出主观判断，然后采取行动。定性分析侧重于考虑创业机会所需的成功条件、自身在该创业机会上所拥有的优势、创业者所拥有的竞争优势、与期望的发展方向和目标是否一致等内容。

定量分析主要是进行商业分析中的经济效益分析，其任务是在初步拟订营销规划的基础上，从财务方面进一步判断所选定的机会是否符合创业目标，一般是通过量本利分析法进行分析。

如果想对创业机会做出比较系统和完整的评价，需要把创业者的主观判断和客观分析结合起来，采用定性和定量结合分析的评估方法。

创业机会的具体评估方法主要有标准打分矩阵法、贝蒂选择因素法、蒂蒙斯创业机会评价体系等。

1. 标准打分矩阵法

在运用标准打分矩阵法时，要先选择对创业机会有重要影响的因素，由专家小组对每个因素进行"非常好（3分）""好（2分）""一般（1分）"三个等级的打分，然后求出每个因素在各个创业机会下的加权平均分，从而对不同的创业机会进行比较。表 5-1 列出了其中 10 项主要的评价标准，在实际使用时可以根据具体情况选择全部或其中的部分因素进行评估。

表 5-1 主要评价标准表

评估指标	专家评分			加权平均分
	非常好（3分）	好（2分）	一般（1分）	
易操作性				
质量和易维护性				
市场接受性				
增加资本能力				
投资回报				
专利权状况				
市场大小				

续表

评估指标	专家评分			加权平均分
	非常好（3分）	好（2分）	一般（1分）	
制造的简单性				
口碑的传播力				
成长潜力				

2. 贝蒂选择因素法

在运用贝蒂选择因素法时，要通过对11个选择因素的设定来对创业机会进行判断，如表5-2所示。如果某个创业机会只符合其中的6个或者更少的因素，那么这个创业机会的成功概率较小；如果这个创业机会符合其中的7个或者更多的因素，那么这个创业机会将大有希望。

表5-2 贝蒂选择因素法判断表

选择因素	是/否
这个创业机会在现阶段是否只有你一个人发现了？	
初始的产品生产成本是否可以承受？	
初始的市场开发成本是否可以承受？	
产品是否具有高利润回报的潜力？	
你是否可以预期产品投放市场和达到盈亏平衡点的时间？	
潜在的市场是否巨大？	
你的产品是不是高速成长的产品家族中的第一个成员？	
你是否拥有一些现成的初始用户？	
你是否可以预期产品的开发成本和开发周期？	
该行业是不是处于成长中的行业？	
金融界是否能够理解你的产品和客户对它的需求？	

3. 蒂蒙斯创业机会评价体系

"创业学之父"，美国百森商学院教授蒂蒙斯提出了一个创业机会评价框架，这个框架涉及行业和市场、经济价值、收获条件、竞争优势、管理团队、致命缺陷、创业者个人标准、理想与现实的战略差异等8个方面，一共53项指标，这是包括定性和定量分析方法的一个完整系统的评估体系。创业者可以利用这个体系对行业和市场的问题，对竞争优势的问题，对财务指标、管理团队和致命缺陷等等这些问题做出判断，来评价一个创业项目或者创业企业的投资价值和机会。

蒂蒙斯创业机会评价体系具体评价指标如表5-3所示。

表5-3 蒂蒙斯创业机会评价体系具体评价指标

指标类别	具体指标
行业与市场	（1）市场容易识别，可以带来持续收入 （2）顾客可以接受产品或服务，愿意为此付费 （3）产品的附加价值高 （4）产品对市场的影响力大 （5）将要开发的产品生命长久 （6）项目所在的行业是新兴行业，竞争不完善 （7）市场规模大，销售潜力为1000万元到10亿元 （8）市场成长率在30%~50%，甚至更高 （9）现有厂商的生产能力几乎完全饱和 （10）在五年内能占据市场的领导地位，市场占有率达到20%以上 （11）拥有低成本的供货商，具有成本优势
经济价值	（1）达到盈亏平衡点所需要的时间为1.5~2年 （2）盈亏平衡点不会逐渐提高 （3）投资回报率在25%以上 （4）项目对资金的要求不是很高，能够获得融资 （5）销售额的年增长率高于15% （6）有良好的现金流量，能占到销售额的20%~30% （7）能获得持久的毛利，毛利率要达到40%以上 （8）能获得持久的税后利润，税后利润率要超过10% （9）资产集中程度低 （10）运营资金不多，需求量是逐渐增加的 （11）研究开发工作对资金的要求不高
收获条件	（1）项目带来的附加价值具有较高的战略意义 （2）存在现有的或可预料的退出方式 （3）资本市场环境有利，可以实现资本的流动
竞争优势	（1）固定成本和可变成本低 （2）对成本、价格的控制较好 （3）已经获得或可以获得对专利所有权的保护 （4）竞争对手尚未觉醒，竞争较弱 （5）拥有专利或具有某种独占性 （6）拥有发展良好的网络关系，容易获得合同 （7）拥有杰出的关键人员和管理团队

续表

指标类别	具体指标
管理团队	（1）创业者团队是优秀管理者的组合 （2）行业和技术经验达到了本行业内的较高水平 （3）管理团队的正直廉洁程度能达到较高水平 （4）管理团队知道自己缺乏哪方面的知识
致命缺陷	不存在任何致命缺陷
创业者个人标准	（1）个人目标与创业活动相符 （2）创业者可以做到在有限的风险下实现成功 （3）创业者能接受薪水减少等损失 （4）创业者渴望进行创业这种生活方式，而不只是为了赚大钱 （5）创业者可以承受适当的风险 （6）创业者在压力下状态依然良好
理想与现实的战略差异	（1）理想与现实情况相吻合 （2）管理团队已经是最好的 （3）在客户服务管理方面有很好的服务理念 （4）所创办的事业顺应时代潮流 （5）所采取的技术具有突破性，不存在许多替代品或竞争对手 （6）具备灵活的适应能力，能快速地进行取舍 （7）始终在寻找新的机会 （8）定价与市场领先者几乎持平 （9）能够获得销售渠道，或已经拥有现成的销售网络 （10）能够允许失败

评价体系说明：

★主要适用于具有行业经验的投资人或资深创业者对创业企业的整体评价。

★该指标体系必须运用创业机会评价的定性与定量分析方法才能得出创业机会的可行性及不同创业机会间的优劣排序。

★该指标体系涉及的项目比较多，在实际运用过程中可作为参考选项库，结合使用对象、创业机会所属行业特征及机会自身属性等进行重新分类、梳理简化，提高使用效能。

★该指标体系及其项目内容比较专业，在运用时一方面要多了解创业行业、企业管理和资源团队等方面的经验信息，一方面要掌握这50多项指标内容的具体含义及评估技术。

三、创业机会的把握

创业者不仅要善于发现机会,更要正确把握并果断行动,才能将机会变成现实的结果。

(一)着眼于问题把握机会

机会并不意味着无须付出代价就能获得,许多成功的企业都是从解决问题起步的。美国"牛仔大王"李维斯的故事多年来为人们津津乐道。19世纪50年代,李维斯像许多年轻人一样,带着发财梦前往美国西部淘金,途中一条大河拦住了去路,李维斯设法租船,做起了摆渡生意,结果赚了不少钱。在矿场,李维斯发现由于采矿出汗多,饮用水紧张,于是,别人采矿他卖水,又赚了不少钱。李维斯还发现,由于跪地采矿,许多淘金者裤子的膝盖部分容易磨破,而矿区有许多被人丢掉的帆布帐篷,他就把这些旧帐篷收集起来洗干净,做成裤子销售,"牛仔裤"就这样诞生了。李维斯将问题当作机会,最终实现了他的财富梦想。

(二)利用变化把握机会

变化中常常蕴藏着无限商机,许多创业机会产生于不断变化的市场环境。环境变化可能带来产业结构的调整、消费结构的升级、思想观念的转变、政府政策的变化、居民收入水平的提高等,人们透过这些变化,就会发现新的机会。在政府购买公共服务、国营事业民营化的过程中,创业者可以在交通、电信、能源数据服务等产业中发掘创业机会。任何变化都能激发新的创业机会,需要创业者凭着自己敏锐的嗅觉去发现和创造。

(三)跟踪技术创新把握机会

世界产业发展的历史告诉我们,几乎每一个新兴产业的形成和发展,都是技术创新的结果。产业的变更或产品的替代,既满足了顾客需求,同时也带来了前所未有的创业机会。

> **经典案例**
>
> **技术创业机会**
>
> "炫酷!好玩!"在 2023 年 4 月 9 日举行的大学生创新创业成果展上,许多人看到"Goprint——智能打印机先行者"后都不禁感慨。一排排手办小人从打

印机里快速"诞生"。

"把想象中的东西变成一个能够看得见、摸得着的实体，是一件非常酷的事情。"当时还是浙江大学电子科学与技术专业本科生的陈天润在宿舍里与同学探讨：能不能让打印机在各种介质上进行打印，实现移动化？能不能通过技术手段，降低3D打印的成本？

以此为发端，陈天润和同学开始研发"Goprint——智能打印机先行者"，并凭借此项目斩获第七届中国国际"互联网+"大学生创新创业大赛季军。陈天润介绍："我们的核心技术有两方面，一是数字打印相关技术，即如何把数字文件变成机器可执行的指令；二是我们控制打印质量的方法，比如精确的定位、颜色的呈现等。"

2021年，陈天润创办魔芯（湖州）科技有限公司，在学校支持、专家指导、业界校友的帮助下，产品实现大规模生产。3D打印机系列产品累计营收数千万元，在美国、日本等十几个国家和地区发售。

如今，陈天润已是浙江大学计算机科学与技术学院直博研究生。"创业需要勇气，也需要不断提升能力，敢闯会创，不要害怕！"陈天润说。

（四）在市场夹缝中把握机会

创业机会存在于为顾客创造价值的产品或服务中，而顾客的需求是有差异的。创业者要善于找出顾客的特殊需要，盯住顾客的个性需要并认真研究其特征，这样才可能发现和把握商机。"谭木匠"木梳、"纯真年代"艺术火柴等，那些似乎已经被淘汰、被忽略、被遗忘的老物件一夜间红遍大江南北，就是一个明证。但是，有为数不少的创业者向行业内的最佳企业看齐，试图通过模仿快速取得成功，结果使得产品和服务没有差异，众多企业为争夺现有的客户和资源展开激烈竞争，企业发展面临困境。所以，创业者要摆脱从众心理和传统思维的束缚，寻找市场空白点或市场缝隙，从行业或市场在矛盾发展中形成的空白地带把握机会。

（五）捕捉政策变化把握机会

市场受政策影响很大，新政策出台往往引发新商机，如果创业者善于研究和利用政策，就能抓住商机站在潮头。2016年国家出台了《机器人产业发展规划（2016—2020）》，目的是大力发展机器人产业，打造中国制造新优势，推动工业转型升级，加快制造强国建设，改善人民生活水平。这个规划的出台，给创业者带来巨大的商机。

（六）弥补对手缺陷把握机会

很多创业机会是由于竞争对手的失误而"意外"获得的，如果能及时抓住竞争对手策略中的漏洞而大做文章，或者能比竞争对手更快、更可靠、更便宜地提供产品或服务，也许就找到了机会。为此，创业者应追踪、分析和评价竞争对手的产品和服务，找出现有产品存在的缺陷，有针对性地提出改进方法，形成创意，并开发具有潜力的新产品或新功能，才能够出其不意，成功创业。

第二节 创业项目的选择

本节导读：

创业者选择适合自己的创业项目是其创业成功的关键。选对了创业项目，就意味着创业成功了一半。因此，对于创业项目的选择，必须慎重并采取科学的方法。希望学习者可以通过对本节内容的学习，了解创业项目选择的基本情况，并能够学会正确选择创业项目。

一、影响创业项目选择的因素

（一）创业者自身的因素

1. 资金实力

每个创业领域需要的资金投入各不相同。创业者大多数是小本创业，并没有巨额资产，因此在选择创业项目时一定要量力而行。

2. 行业经验

创业者在创业之前，要分析自己是否积累了丰富的行业经验，是否具有本行业所需要的专业特长，以及自己是否具有本行业相关的技术、能力、兴趣等。创业者必须要有一定的专业知识和经验积累，如开汽车维修店的人必须熟悉汽车的构造，开餐饮店的人必须有本行业的从业经验等。

3. 社会关系

创业者最主要的社会关系包括客户资源和人力资源两个方面。

客户资源。企业业务的开展和经营收益的获得主要依靠客户资源。客户资源是一种稀缺的资源，获得了客户资源就意味着获得了盈利。

人力资源。人力资源是企业经营活动的发动机：当资金运转困难时，企业要依靠人力资源来筹集资金，人力资源是企业的强大后盾。

（二）创业项目因素

1. 产业发展环境

创业者在进行创业时首先要了解目前要进入的产业的发展现状，是已经处于上升期但还没完全达到大规模发展的阶段，还是处于下降期。如果产业发展处于下降期，那么说明进入的企业已经太多了，竞争已经过于激烈了。

2. 产品技术要求

如果企业要生产技术含量高的产品，创业者就要了解该技术是否成熟稳定，技术质量是否过硬，该技术是不是国家所鼓励发展的。

3. 市场需求空间

市场需求空间是指市场上存在的有待企业去发展的地方。一般来说，如果市场中只有20%的企业在做某一项目，那么这一市场对于创业者来说是有创业机会的；而如果有80%的企业在做某一项目，就意味着这一市场已经不适合创业者进入了。

4. 市场竞争状况

创业者选择创业项目后，如果其在市场中有很多的竞争对手，那么说明企业将面临巨大的压力。竞争过于激烈的市场不适宜新企业的成长，因为这会给新企业的发展带来许多困难。

二、选择创业项目需遵循的原则

（一）选择国家政策鼓励的行业

创业者要开创自己的事业，就要知道哪些行业是国家政策鼓励和支持的，哪些行业是国家政策允许的，哪些行业是国家政策限制的。创业者要选择国家政策鼓励和支持、有发展前景的行业。

（二）选择适应社会需求的行业

创业项目的选择不能仅凭创业者自己的想象和愿望，而要从社会需要出发，以市场为导向，了解市场需要什么、需要多少，谁会来购买产品或服务，竞争对手有哪些等。顾客的需求有现实需求和潜在需求之分，一个成功的创业者不仅要了解和满足顾客的现实需求，更要创造需求、创造市场。

（三）量力而行，选择适合自己的项目

创业有风险，创业者必须量力而行。选择适合自己的项目，从小钱开始赚起，脚踏实地，积少成多。创业者应尽量选择自己所熟悉的行业或领域进行创业，即便在创业过程中遇到困难，也可以从容应对，降低创业风险；创业者在选择创业项目时，最好选择自己感兴趣的行业和项目，选择自己能做的项目。

经典案例

自定义整理收纳——每个军人都是天然的整理师

长沙商贸旅游职业技术学院中小企业创业与经营专业2020级学生彭志伟，是名退伍军人。据2017年数据统计，中国有超过5700万老兵，占到全国总人口比例的4.07%，每年约有70万战友退伍，这么庞大的群体，在就业创业方面遇到了很多难题。他就读大学期间，想与退役军人大学生合作，创办退役军人服务社，但具体做什么项目没有底。2020年9月退伍之后，在战友的推荐下彭志伟前往了北京学习整理收纳，深入市场调研发现，随着人们生活质量的提高，生活节奏的加快，以及断舍离、极简生活方式风潮的兴起，中国整理收纳行业逐渐起步，2021年1月，整理收纳师新增为人社部家政服务下设的工种，整理收纳师开始走进千家万户。《2020中国整理行业白皮书》显示：随着整理服务认知人群的扩大，城市整理服务意向客户数量保持每年超10%的稳定增长，市场潜力巨大。

彭志伟敏锐地发现，把部队整理内务特色与专业整理收纳相结合，开展整理收纳技能系统培训，可以帮助战友们解决就业问题。同时退役军人的身份也可以为有整理收纳需求的客户提供安全性、隐私性和质量更好的服务，所以几个战友2021年4月成立了自定义公司。

公司免费为退伍军人提供技能培训，缺乏服务订单，那也会给战友们推荐客源，并且提供专业技术支持，来增加战友们的收益。经过培训的一位战友在长沙梅溪

湖上门服务，一个月挣了16260元。

管理军事化、技术专业化、服务标准化是项目的核心亮点。彭志伟团队自主研发了数字化物品收纳App，可以根据家具结构多维度记录物品信息、标记位置、分类展示；开发了中小学整理收纳劳动教育课程体系，包括配套教材、系列网课。

公司自主研发了6项知识产权。商业模式采用合作一体化模式，为消费者提供个性化整理收纳服务并收纳物品，为退役军人事务部门解决退伍军人就业创业问题，为中小学、幼儿园提供立体化的劳动教育课程体系。

线上在微信、淘宝、京东开设网店销售服务平台，通过短视频、直播的方式开展线上培训，在网上生活社区引流，为电商平台积累粉丝，扩大品牌知名度。

线下开设门店，与驻长沙部队、保利物业等多家单位合作，通过举办沙龙、讲座等多种方式推广；已与砂子塘小学、周南中学等多所中小学合作，培养学生养成良好的劳动习惯和品质。

项目受到各界好评，获得《湖南日报》《解放军报》等多家媒体报道及荣誉资质。

团队经过一年多的运营，单月最高营业额达12.4万元，并且在2022年3月获得十余家投资机构邀约，已收到湖南兰天集团的投资意向书，拟投资90万元，出让30%的股权，用于新产品开发和市场开拓，已进入法律流程。

自定义团队计划未来三年，公司业务将覆盖湖南及周边省份，建设超过10个门店，打造2个培训基地，与超30所中小学合作开设课程，带动1000名战友就业。

（四）选择有一定创新的项目

创新是企业的生命，持续创新是企业唯一的生存之路。创新也是创业成功的关键，对创业者来说，创新更具紧迫性和重要性。创业者可在项目上进行国际水平跟踪性、局部性的改良，可以将现有各领域中先进性的东西引入自己的项目，进行组合创新。

三、选择创业项目的途径及注意事项

（一）选择创业项目的途径

1. 从创意中选择创业项目

创意是一种创新性的想法，具有创业指向。创意经过完善和加工后可以发展成一个极富赢利能力的创业项目。

2. 选择自己能够坚持下去的创业项目

创业者选择的创业项目应与创业者个人的理想追求相吻合，只有创业项目符合个人的理想目标，创业者才能保持创业的动力，坚持做下去。此外，创业者所选择的项目不宜难度太大，否则，一旦出现问题，企业将无法发展下去。

3. 通过拓宽信息的渠道获得创业项目

这是个信息爆炸的时代，人们可以很方便快捷地获得信息。对创业者来说，拓宽信息的渠道主要有互联网、图书馆、电话号码黄页、朋友和熟人、竞争对手、投资贸易洽谈会、展览会、政府有关部门等。

4. 借助"机会选择漏斗"进行筛选

在现实经济生活中，适合创业的机会并不是很多，创业者需要借助"机会选择漏斗"，经过一层又一层的筛选，在众多机会中筛选出真正适合自己的创业机会。

（1）要筛选出较好的创业机会。较好的创业机会一般具有以下5个特点：

①在前景市场中，前5年中的市场需求会稳步快速增长。

②创业者能够获得利用该机会所需的关键资源。

③创业者不会被锁定在"刚性的创业路径"上，而是可以中途调整创业的"技术路径"。

④创业者有可能创造新的市场需求。

⑤特定机会的商业风险是明朗的，且至少有部分创业者能够承受相应风险。

（2）要筛选出利己的创业机会。面对较好的创业机会，特定的创业者需要回答以下4个问题：

①能否获得自己缺少但他人控制较多的资源？

②遇到竞争对手时，自己是否有能力与之抗衡？

③是否有可能创造新的市场？

④是否有能力承受利用该机会的各种风险？

（二）选择创业项目的注意事项

1. 切勿盲目跟风

创业者要清楚认识自己与别人在条件上的差异，如果不做调查分析而盲目跟风，最终可能会失败。从事市场中的热门行业的人不见得都会赚钱；有时，一些暂时的冷门行业可能反而有更好的前景。

2. 关注机会窗口

创业者选择了适当的创业机会，还需要在适当的时间段内启动创业、进入市场，这一适当的时间段，就是创业的机会窗口。换言之，特定的创业机会仅存在于特定的时间段内，创业者只有在这一时间段内启动创业、进入市场，才有可能获得相应的商业回报；相反，如果创业者在机会窗口敞开之前或之后行动，那都可能血本无归。一般而言，特定机会的时间跨度越大，市场成长性越好，机会窗口也就越大。

3. 要注意投资人的选择

本着互补的原则，创业者应该选择对自己最有利的投资人。即投资人不但能够在资金方面给予创业者支持，还能够促进新企业提升品牌价值，给新企业带来更多的业务、更健全的管理，有利于新企业的发展。

第三节 创业风险识别与防范

本节导读：

任何活动都具有风险，极限运动有生命危险，投资股市有资金风险，创业活动同样有风险。据统计，在中国，创业公司存活率不足30%，创业失败率高达80%，而大学生创业失败率高达95%，可见，创业是九死一生的事情，失败率非常高，风险非常大。希望学习者可以通过对本节内容的学习，掌握创业风险识别与防范的方法，树立风险防范的意识，能意识到风险的存在并能及时准确地进行判断和采取应对措施。

一、创业风险概述

（一）创业风险的含义

创业风险是在创业过程中存在的风险，是由于创业环境的不确定性，创业机会与创业企业的复杂性，以及创业者、创业团队与创业投资者的能力与实力的有限性，而导致的创业活动偏离预期目标的可能性及后果。

(二)创业风险的特征

1. 客观性

创业风险客观存在,普遍存在于创业活动的整个过程中,不因人的意志而转移,伴随着创业活动始终。对于创业者而言,面对风险就是一种常态,企业死亡也是一种常态。

2. 不确定性

创业过程往往是将创业者的某一个奇思妙想或创新的技术变为现实的产品或服务的过程,在这个从 0 到 1 的过程当中,创业者要面临各种各样的不确定因素。影响创业的各种因素是不断变化而且难以预知的,这种难以预知就造成了创业风险的不确定性。创业的过程就是对各种风险进行有效防范,把不确定性变为确定性的过程。

3. 损益双重性

双重性指的是创业具有损失和收益两个方面的特点。创业风险与创业者的切身利益密切相关,风险一旦发生,必然给创业者的利益带来一定的损失,同时也有可能会带来机遇。这也是那么多人明知有风险仍然要往前走的原因,事实上风险就意味着高收益,也意味着机会。

4. 相关性

创业者面临的风险与其创业行为及决策是紧密相连的。同样的一个事件对于不同的创业者会产生不同的风险。同一创业者由于其决策所采取策略的不同,也会面临不同的风险结果。

5. 可控性

风险是由一定的客观条件造成的,当客观条件发生变化时,风险及其带来的损失也会发生变化。因此,控制引发风险的客观条件,在一定程度上可以控制风险的发生,或将风险带来的损失降到最低。

6. 可预测性

对于单个的创业者或者个别的单位来讲,创业风险是随机的。但从风险的总体而言,在一定时期内某种风险发生的概率和损失率,是能够用概率论原理预测出来的。因此,对客观环境认真观察和分析有助于对创业风险进行正确的预测。

(三)创业风险的来源

1. 融资缺口

融资缺口存在于学术支持和商业支持之间,是研究基金和投资基金之间存在的断层。其中，研究基金通常来自个人、政府机构或公司研究机构，它既支持概念的创建，还支持概念可行性的最初证实；投资基金则将概念转化为有市场的产品原型（这种产品原型有令人满意的性能，对其生产成本有足够的了解并且能够识别其是否有足够的市场）。

2. 研究缺口

研究缺口主要存在于仅凭个人兴趣所做的研究判断和基于市场潜力的商业判断之间。当一个创业者最初证明一个特定的科学突破或技术突破可能成为商业产品基础时，他仅仅停留在自己满意的论证程度上。然而，这种程度的论证后来不可行了，在将预想的产品真正转化为商业化产品（大量生产的产品）的过程中，即具备有效的性能、低廉的成本和高质量的产品，在从市场竞争中生存下来的过程中，需要大量复杂而且可能耗资巨大的研究工作（有时需要几年时间），从而形成创业风险。

3. 信息和信任缺口

信息和信任缺口存在于技术专家和管理者（投资者）之间。也就是说，在创业中，存在两种不同类型的人：一是技术专家；二是管理者（投资者）。这两种人接受不同的教育，对创业有不同的预期、信息来源和表达方式。技术专家知道哪些内容在科学上是有趣的，哪些内容在技术层上是可行的，哪些内容根本就是无法实现的。在失败类案例中，技术专家要承担的风险一般表现为在学术上、声誉上受到影响，以及没有金钱上的回报。管理者（投资者）通常比较了解将新产品引进市场的程序，但当涉及具体项目的技术部分时，他们不得不相信技术专家。如果技术专家和管理者（投资者）不能充分信任对方，或者不能够进行有效的交流，那么这一缺口将会变得更深，带来更大的风险。

4. 资源缺口

资源与创业者之间的关系就如颜料和画笔与艺术家之间的关系。没有了颜料和画笔，艺术家即使有了构思也无从实现。创业也是如此。没有所需的资源，创业者将一筹莫展，创业也就无从谈起。在大多数情况下，创业者不一定也不可能拥有所需的全部资源，这就形成了资源缺口。如果创业者没有能力弥补相应的资源缺口，要么创业无法起步，要么在创业中受制于人。

5. 管理缺口

创业者并不一定是出色的企业家，不一定具备出色的管理才能，进行创业活动时主要有两种情形：一是创业者利用某一新技术进行创业，他可能是技术方面的专业人才,但却不一定具备专业的管理才能,从而形成管理缺口;二是创业者往往有某种"奇思妙想",可能是新的商业点子,但在战略规划上不具备出色的才能,或不擅长管理具体的事务,从而形成管理缺口。

经典案例

挥霍的代价

安安经营着一家网络服务设计公司,公司业务蒸蒸日上,在2018年,月营业额能够达到30万元,在行业里站稳了脚跟。

好友小军看到安安的生意风生水起,决定入股。安安拿着小军投入的20万元,决定开发新的项目,于是租了新办公室,买了设备,准备大干一番。小军告诉安安,放弃与以前的合作伙伴合作,自己做渠道,可以多赚取50%的收入。想到几十万元的利润,加上本身事业有成的自信,在小军的劝说下安安踢开了渠道商决定自己做渠道。由于重新租房、购买设备等开销,安安根本拿不出独立开发铺设渠道的资金。急于扩张的安安决定用房子抵押贷款,但房贷压缩政策下,通过银行融资非常困难,由于对自己的还款能力信心十足,安安仍然用房子做抵押,贷了30万元。

有了足够的资金,小军过上了纸醉金迷的生活。小军投入的20万元中的10万元被提前从公司支取花掉了。安安没有及时制止小军的行为,还进行了纵容,并参与到纸醉金迷的生活中。因为小军告诉安安,这可以从明年的分红中扣出来,但这本是极不应该发生的事情。可想而知,小军拿到的钱没有立即运用到研发营销渠道上,加上快过年了,1月公司营业额猛涨,安安和小军更加肆无忌惮,以陪客户为由大肆挥霍现金。

就这样持续了半年,公司账上的钱越来越少,公司员工陆续离职,公司的订单全靠老客户带来,但是根本无法支撑开销。最后,安安已无法掌控局面,也没有人愿意帮忙,合伙人小军也无情地离开,公司彻底崩盘。

(四)创业风险的分类

1. 按风险产生的原因划分

(1)主观创业风险。主观创业风险是指在创业阶段,由于创业者的心理素质等主观方面的因素导致创业失败的可能性。

(2)客观创业风险。客观创业风险是指在创业阶段,由于客观因素导致创业失败的可能性，如市场的变动、政策的变化、竞争对手的出现、创业资金缺乏等。

2. 按风险的影响范围划分

（1）系统风险。系统风险是在创业者或创业企业之外，由创业环境变化带来的风险，如自然灾害、经济衰退、通货膨胀、战争等。

（2）非系统风险。非系统风险是源于创业者或创业企业本身的商业活动或财务活动而引发的风险，如团队风险、技术风险和财务风险，可以通过一定的手段进行预防和分散。

3. 按创业风险对资金的影响程度划分

（1）安全性风险。安全性风险是指从创业投资的安全性角度来看，不仅预期实际收益有损失的可能，而且专业投资者与创业者自身投入的其他财产也可能蒙受损失，即投资方财产的安全存在危险。

（2）收益性风险。收益性风险是指创业投资的投资方的资本和其他财产不会蒙受损失，但预期实际收益有损失的可能性。

（3）流动性风险。流动性风险是指投资方的资本、其他财产即预期实际收益不会蒙受损失，但资金有可能不能按期转移或支付，造成资金运营的停滞，从而使投资方蒙受损失的可能性。

4. 按创业风险的内容划分

（1）项目选择风险。项目选择风险是指创业初期因选择创业项目不当，导致企业无法赢利而难以生存的风险。只凭自己的兴趣和意愿来决定投资方向，不去做大量细致的市场调研与论证，不结合自身已掌握的资源状况做出决定，创业过程定将非常艰苦，创业甚至可能失败。

（2）市场风险。市场风险是指由于市场情况的不确定性导致创业者或创业企业蒙受损失的可能性。市场风险的产生主要受创业企业产品或服务的市场需求量、市场接受时间、市场价格、市场战略等的影响。

（3）技术风险。技术风险指产品创新过程中，因技术方面的因素及其变化的不确定性而导致创业失败的可能性。这种不确定性包括技术前景的不确定性、技术成功的不确定性、技术效果的不确定性以及技术寿命的不确定性。

（4）财务风险。财务风险指创业者或创业企业在创业过程中存在的财务方面的风险。如对创业所需资金估计不足、难以及时筹措到创业资金、创业企业财务结构不合理、融资不当、现金流管理不力等可能会使创业企业丧失偿债能力，导致预期收益下降，形成一定的财务风险。

（5）管理风险。管理风险指管理经营过程中因信息不对称、管理不善、决策失误等影响管理的水平形成的风险。管理风险可能由管理者素质低下、缺乏诚信、权力分配不合理、不规范的家族式管理或决策失误等引起。

（6）环境风险。环境风险指由于创业活动所处的社会、政治、经济、法律环境等变化或由于意外灾害导致创业者或企业蒙受损失的可能性。如战争、国际关系变化或有关国家政权更迭、政策改变，宏观经济环境发生大幅度波动或调整，法律法规的修改，或者创业相关事项得不到政府许可。

（7）人力资源风险。创业者自身的素质和能力有限，创业团队成员的知识和技能水平不匹配，管理过程中用人不当，关键员工离职等因素是人力资源风险的主要诱因。

二、识别创业风险

（一）树立风险意识

创业者应该正确树立识别企业风险的基本理念，具备以下意识。

1. 有备无患的意识

创业风险的出现是正常的，带来一些损失也是正常的，创业者既不能怨天尤人，也不能骄兵轻敌。其关键的问题在于要密切监视风险，以减少损失、化解不利因素，甚至将风险转化为赢利的机会。

2. 识别风险的意识

识别风险是为了防范和控制风险。如果创业者在企业蒙受损失之前就能够识别风险，那么这个风险就有可能被有效管控，因此，风险识别是进行风险管理的基点。

3. 未雨绸缪的观念

创业者要想通过对创业活动的迹象、信息归类来认知风险产生的原因和条件，就不仅要识别所面临风险的性质及可能产生的后果，更重要的（也是最困难的）是，要识别创业过程中各种潜在的风险，为采取有效措施提供依据。

4. 持之以恒的思想

由于创业风险伴随着整个创业过程，同时风险具有可变性和相关性的特点，因此创业者要有打"持久战"的准备。风险的识别工作应该连续、系统地进行，并成为企业持续性、制度化的工作。

5. 实事求是的精神

虽然风险识别是一个主观过程，但是必须遵循客观规律。风险识别是一项复杂而细致的工作，应按特定的程序、步骤和适当的方法有层次地分析各种现象，并做出实事求是的评估。

（二）识别风险的方法

识别风险的具体方法主要有以下几种。

1. 业务流程法

业务流程法是指以业务流程图的方式，将企业从原材料采购直至产品送到客户手中的全部业务经营过程划分为若干环节，每一环节再配以更为详细的作业流程图，据此确定在哪一环节进行重点预防和处置。

2. 咨询法

咨询法是指以一定的代价委托咨询公司或保险代理人进行风险调查和识别，并提出风险管理方案供经营决策者参考。

3. 现场观察法

现场观察法是指通过直接观察企业的各种生产经营设施和具体业务活动，了解和掌握企业面临的各种风险。

4. 财务报表法

财务报表法是指通过分析资产负债表、损益表和现金流量表等报表中的每一个会计科目，确定某一特定企业在何种情况下会有什么样的潜在损失及其成因。由于每个企业的经营活动最终都要涉及商品和资金，因此这种方法比较直观、客观和准确。

三、防范创业风险

（一）项目选择风险防范

1. 掌握创业项目选择的基本原则

（1）市场原则。以满足市场需求为前提，重点放在需求量大、发展前景广阔的产业或项目上。

（2）效益原则。讲求投资项目有较高的投入产出比，即投资要讲究一定的回报率。

（3）政策原则。重点发展国家政策鼓励、支持的产业或项目，回避国家在产业投资上明确限制的项目。

（4）优势原则。选择自己熟悉并拥有资源优势的项目，充分利用当地资源优势和创业者自身优势，不盲目追求社会经济热点，以免决策失误，浪费劳动和投资。

2. 对创业项目选择的进一步分析

具体来讲，创业项目选择的进一步分析应从以下几方面着手：

（1）市场前景。

（2）项目的先进性和新颖性。

（3）原材料来源是否充足，货源供应是否稳定。

（4）产品增值情况。

（5）项目的扩展性。

（6）技术项目间的相关性。

（7）基础条件。

（8）挖掘潜力的可能性。

（二）市场风险防范

（1）树立以市场为导向的整合营销理念。

（2）生产适销对路的产品。

（3）做好市场细分和客户细分。

（三）技术风险防范

技术风险能够给拥有者带来丰厚的回报，但掌控不好有可能会使创业者颗粒无收。因此，创业者一定要通过加强自身能力建设或建立创新联盟等方式减少技术风险发生的可能性。

（1）检测技术发展：建立技术发展趋势的监测系统。系统实时追踪相关技术的发展状况，判断未来趋势，监测竞争对手的研发进展、产品的商业化进展，关注市场对不同技术产品的种种反应。

（2）开展技术保护：高度重视专利申请、技术标准申请等保护性措施。

（3）分担技术风险：在合适的时机，选择战略合作伙伴，采取灵活的方式分担风险，如选择天使投资、风险投资等。

（四）财务风险防范

（1）创业者要对创业所需资金进行合理估计，避免筹资不足影响所创企业的健康成长和后续发展。

（2）要学会建立和经营创业者自身和所创企业的信用，提高获得资金的概率。

（3）创业者或团队一定要学会在企业的长远发展和目前利益之间权衡利弊，设置合理的财务结构，从恰当的渠道获得资金。

（4）管好所创企业的现金流，避免现金断流带来的财务拮据甚至破产清算的局面。

（五）管理风险防范

提高管理者的素质，改变管理和决策方式可以有效应对所创企业的管理风险。

首先，应努力提高核心创业成员的素质，树立其诚信意识和市场经济观念，并以此为基础搞好领导层的建设，建立能够适应企业不同发展阶段的组织机构；其次，实行民主决策与集权管理的统一，将企业的执行权合理分配，避免不规范的家族式管理影响所创企业发展；最后，明确决策目标，完善决策机制，减少决策失误。

（六）环境风险防范

在国家提出大众创业、万众创新的背景下，各级政府出台了许多创新创业优惠政策。了解这些政策，才能走好创业的第一步。同时应该学习相关的知识，如工商注册登记、经济合同和税务等知识，这些是创业者创业过程中必备的知识。创业者只有懂法、守法，并依据法律保护自己的合法权益，才能确保创业行动稳健与长久。

（七）人力资源风险防范

首先，创业者应不断充实自己，持续提高个人素质，使自己的知识和能力与创业活动相匹配。其次，招聘那些具有良好职业道德和团队合作意识、拥有与岗位相匹配技能的员工，在合同中明确权利义务关系和适当授权。最后，通过沟通、协调、激励、奖惩、评价、目标设定等多种手段管理团队，并在创业团队不同发展阶段确定相应的管理内容，科学合理地对成员进行绩效评价。比如用培训和开发来激励关键员工、用股票期权等吸引留住关键员工等。

经典案例

加盟连锁的创业风险

郑州即将毕业的大学生小朱在创业过程中，就被高回报忽悠了一把。

小朱按网上地址找到北京一家销售木纤维毛巾的加盟连锁公司，听了招商部经理对这种成本低、利润高且风险小的产品推介，她心动了，把从亲戚那里借来的钱全换成毛巾，并取得了该公司在河南省的独家代理权。

头一个月,她兴冲冲跑遍了周边所有学校,没卖出一条毛巾。然后她又去居民小区推销,效果还是不好。于是,她开始通过网络进行推销。哪知两个月过去后,仍没卖出一件产品。

调查发现,有小朱这样遭遇的大学生不在少数。不少高校毕业生选择了加盟连锁的创业方式。他们从电视和网络等媒体了解到加盟连锁项目的好处,例如,企业总部提供免费指导,不收取任何加盟费用,进货达到一定额度就能获得额外奖金,低风险甚至无风险等,于是,就开始创业了。小朱说,我们一无资金,二无经验,加盟连锁会让自己开店的风险降低很多,可结果却事与愿违。

实践训练

用 SWOT 法分析创业风险

◆ **实践目的**

1. 学会用 SWOT 法分析创业风险。
2. 对创业风险有一定的了解,并学会如何去规避风险。

◆ **实践流程**

1. 对创业项目进行 SWOT 分析

通过利用 SWOT 法对创业风险进行分析,使大学生能够真正认识到创业风险,能够从本质上去对待创业风险。

优势(S)	劣势(W)
机会(O)	威胁(T)

2. 制定防范措施

以小组为单位进行讨论,通过对创业风险进行分析,来制定相应的防范措施。

（1）从行业环境角度分析

_____

_____

（2）从市场发展走向角度分析

_____

_____

_____

（3）从影响因素角度分析

_____

_____

_____

（4）从竞争指数角度分析

_____

_____

_____

3.总结并汇报

通过对创业风险进行分析，小组之间进行讨论，并撰写一篇关于创业风险的500字报告，选出一名代表进行汇报。

4.实践思考

通过对创业风险进行分析,你从中学到了什么?

思考与练习

1. 简述如何识别与评估创业机会。
2. 选择创业项目需遵循的原则有哪些?
3. 选择创业项目的途径和注意事项有哪些?
4. 创业风险的特征和来源有哪些?
5. 简述防范创业风险的方法。

第六章
商业模式与创业计划书

学习目标

知识目标:

通过对本章的学习,了解商业模式,掌握设计和创新商业模式的方法,了解大学生创业商业模式选择有哪些,认识创业计划与创业计划书,掌握创业计划书的编写方法。

思政目标:

1.通过对商业模式的了解,明白模式是某种事物的标准样式或让人可以仿效学习的标准样式,运用正确的模式可以达到事半功倍的效果,因此在做事时要善于运用模式。

2.通过对创业计划书的了解,明白凡事预则立,不预则废,好的计划是成功的开始,因此在做事之前一定要做好计划。

当今企业之间的竞争，不是产品之间的竞争，而是商业模式之间的竞争，可见商业模式对于一个企业的重要性。由于商业模式领先的创新者能够掌握更多资源，如核心技术掌控、资源垄断、产业链掌控及系统建设等，因此他们能够形成核心竞争力，所以发展速度快、增长潜力巨大，并且产生的利润高、创造的附加值也高，能够持续赢利，却不容易被模仿和超越。此外，创业计划是一项艺术性的工作，能够帮助创业者在创业的路上未雨绸缪，而创业计划书是其主要的呈现方式，一份高质量的创业计划书可以勾画出企业未来的经营发展蓝图，设计企业的发展战略，引导企业更有效地开展经营活动。因此，商业模式和创业计划书对于创业来说都非常重要。

第一节　商业模式概述

本节导读：

每个企业都需要具备完整的商业模式，好的商业模式可以迅速整合资源，满足消费者的需求，促进企业的发展。创业者应该了解商业模式，掌握商业模式的设计工具，解决企业如何为消费者创造价值，企业自己如何获得价值以及如何在企业与消费者之间传递价值的问题。希望学习者可以通过对本节内容的学习，了解商业模式的定义和构成要素，掌握商业模式画布的运用方法，并能够创新商业模式。

一、商业模式的定义

在经济日益信息化和全球化的今天，商业模式重要作用凸显。关于商业模式的概念，理论界没有形成统一的权威解释，不同学者对商业模式给出了不同的定义或解释（见表6-1）。

表 6-1 商业模式的定义

学者	定义
Timmers（1998）	商业模式是产品、服务和信息流的一个体系构架，包括说明各种不同的参与者以及他们的角色，各种参与者的潜在利益，以及企业收入的来源。
Amit & Zott（2001）	商业模式描述了交易的内容、结构和规则，用以通过开发商业机会创造价值。
Joan Magretta（2002）	商业模式是用以说明企业如何运营的概念，它必须回答管理者关心的一些基本问题：谁是顾客？顾客价值何在？如何在这个领域中获得收入以及如何以合适的成本为顾客提供价值？
S.C. Voepel et al（2004）	商业模式表现为一定的业务领域中的顾客核心价值主张和价值网络配置，包括企业的战略能力和价值网络其他成员（战略联盟及合作者）的能力，以及对这些能力的领导和管理，以持续不断地改造自己来满足包括股东在内的各种利益相关者的多重目的。
Seddon & Lewis（2004）	商业模式是对一组活动在组织单位中的配置，这些单位通过企业内部和外部的活动，在特定的产品市场上创造价值。
Osterwalder et al（2005）	商业模式是一个概念性工具，用以说明一个企业的商业逻辑。它描述了企业向一个或多个顾客群提供的价值，企业为产生持续的营利性收入所建立的构架，以及所运用的合作网络与关系资本。

本书关于商业模式的定义：商业模式是指为实现客户价值最大化，把能使企业运行的内外各要素整合起来，形成一个完整的利益相关的、高效率的、具有独特核心竞争力的运行系统，并通过最优实现形式满足客户需求、实现客户价值，同时使系统达成持续赢利目标的整体解决方案。

二、商业模式的构成要素

著名商学院战略及国际管理教授与作家加里·哈默尔认为，商业模式由 4 个要素构成：核心战略、战略资源、伙伴网络和顾客界面。

（一）核心战略

核心战略从企业的使命、产品/市场范围、差异化基础等方面描述了企业如何与竞争对手进行竞争。

企业的使命，描述了企业为什么存在及其商业模式与其实现的目标。例如，华为的愿景与使命是把每个人、每个家庭、每个组织带入数字世界，构建万物互联的智能世界。

企业的产品/市场范围定义了企业集中关注的产品和市场。例如，亚马逊网站起初是作为网上书店而创建的，不过它逐渐开始销售CD、DVD、珠宝盒、服装等其他产品。它的商业模式现在已经拓宽，涉及对出版商之外的其他很多供应商和伙伴关系的管理。企业从事经营活动的市场也是其核心战略的重要因素。例如，戴尔公司把企业客户与政府机构作为它的目标市场。

企业选择的战略会对它的商业模式产生很大影响。成本领先的企业不会追求产品的新颖。相反，差异化战略要求商业模式集中于开发独特的产品和服务，要求更高的价格。而且，采用差异化战略的企业把大量精力和财力用于提升品牌忠诚度，即顾客对某个品牌产品的忠诚度上。

（二）战略资源

企业拥有的资源会影响其商业模式的持续性。企业的核心竞争力和战略资产是两种重要的战略资源。

核心竞争力是一种资源或者能力，是企业胜过竞争对手的竞争优势来源。它是超越产品或市场的独特技术或能力，对顾客的可感知利益有巨大的贡献，并且难以模仿。例如，戴尔公司已经拥有了装配和销售个人计算机方面的核心竞争力，并开始将它们移向计算机服务和其他电子设备市场。

战略资产是企业拥有的稀缺的、有价值的事物，包括工厂和设备、位置、品牌、专利、顾客数据信息、高素质员工和独特的合作关系等。一项特别有价值的战略资产是企业的品牌。企业最终会把自己的核心竞争力和战略资产综合起来以创造可持续竞争优势。

（三）伙伴网络

企业的伙伴网络是商业模式的第三个构成要素。在很多时候，企业并不愿独自做所有事情，因为完整地完成一项产品或交付一种服务会分散企业的核心优势。

1. 供应商

供应商是向其他企业提供零部件或服务的企业。几乎所有的企业都有供应商，它们在企业商业模式的运作中起重要作用。

2. 其他合作者

除了供应商，企业还需要其他合作伙伴来使商业模式有效运作。合资企业、合作网络、社会团体、战略联盟和行业协会是合作关系的一些常见形式。合作关系给企业带来更多的创新产品、更多有益的机会和高成长率。

（四）顾客界面

顾客界面是指企业如何与顾客相互作用。与顾客相互作用的类型依赖于企业选择如何在市场上竞争。例如，当当网主要通过互联网销售书籍，而新华书店则通过传统书店和网络两种途径来售书。

下面分别从目标市场、销售实现与支持、定价结构3个方面来表述顾客界面的内容。

1. 目标市场

目标市场是企业在某个时点追求或尽力吸引的有限的个人或企业群体。企业选择的目标市场影响它所做的每件事情，如获得战略资产、培育合作关系以及开展推广活动等。拥有清晰界定的目标市场将使企业受益。

2. 销售实现与支持

销售实现与支持描述了企业产品或服务"进入市场"的方式，或将产品或服务提供给顾客的方法。它也指企业利用的渠道和顾客的支持水平。

假定有一家新创企业开发出一项移动电话技术，并为此申请了专利。为了形成自己的商业计划，企业在如何把该技术推向市场的问题上有几种选择。它可以：①将技术以特许经营方式转让给现有移动电话企业；②自己生产移动电话，并建立自己的销售渠道；③与某个移动电话公司合作生产，并通过与移动电话服务提供商合作来销售电话。

3. 定价结构

企业的定价结构随企业目标市场与定价原则的不同而变化。例如，有些租车企业收取日租金，另一些企业则按照行驶的公里数收取租金。有的咨询企业按照提供服务的次数收费，而另一些企业则按照时间收费。在某些情况下，企业还必须决定是直接向顾客收费，还是通过第三方间接收费。

经典案例

布局下沉市场：拼多多商业模式"拼"什么？

成立于2015年9月的社交电商平台拼多多在阿里巴巴、京东统治的电商红海里脱颖而出，迅速占领下沉市场。

2015年，传统电商行业在一、二线城市用户增长及流量红利方面正面临瓶颈，同时，随着智能手机的普及，三线以下城市、乡镇地区市场潜力无限，各大电商平台都在寻求新的增长点。拼多多创始人黄峥看到藏在阿里巴巴、京东等电商巨头阴影下的机会，从下沉城市起家，即将目标顾客从一、二线城市转向三线及以下城市、乡镇地区的消费人群，占领"低端"市场，最终颠覆整个电商领域。

不同于传统电商平台，拼多多以"拼"和"百亿补贴"布局下沉市场，通过砍价、满减、秒杀等方式获取大量用户，把科技红利带给中小城市或者乡村消费人群，为最广大用户创造价值。正如黄峥所言："永不放弃做正确的事，永不放弃为最广大人群创造价值。"而要实现如此宏大的布局，必须回到现实，从电商的基础"人—货—场"3方面下手。

（1）人：拼多多始终将用户需求放在首位，通过社群化、场景化为用户创造价值。创立之初，拼多多利用微信巨大的用户流量，通过"砍价""拼团"了解和匹配用户需求，获取大量忠实、活跃的用户，同时拼多多依托大数据和人工智能技术，通过用户的浏览记录、购买行为等来识别用户购买能力和消费习惯等，预测用户需求，实现个性化推荐。

（2）货：拼多多重构"货"，提供精准化、情感化的产品和服务。拼多多作为电商平台，直接和工厂合作，尽可能降低产品成本，简化购物流程，极大提高交易效率。拼多多利用微信分享、拼团、砍价等社交关系的裂变式传播，积累大量用户消费习惯、购物偏好等数据，为精准化营销奠定基础。用户通过拼团、砍价、百亿补贴、限时秒杀、一元抽大奖等优惠方式，以较低的价格买到所需商品，并收获有趣的购物体验。

（3）场：拼多多颠覆传统电商，实现"人找货"向"货找人"的转变。场是连接人和货的方式，拼多多的场是通过社交关系网把商品和人连接在一起。拼多多自创立之初，致力于引导产品和用户的匹配，通过朋友拼团，让货找到人，减少购物流程。拼多多基于人工智能技术，依据用户的多元化消费场景，提供个性化消费需求方案，创造目标用户的人货匹配路径。

三、商业模式设计的工具——商业模式画布

商业模式画布是一种关于企业商业模式的构想，能让全员看到同一幅画面，憧憬同一个愿景，直观、简单、可操作。在创业项目中，商业模式画布起到了健全商业模式、

将商业模式可视化及寻找已有商业模式漏洞的作用,可减少决策失误带来的损失。商业模式画布常被用于设立创业项目或打造与众不同的商业模式。商业模式画布如图 6-1 所示。

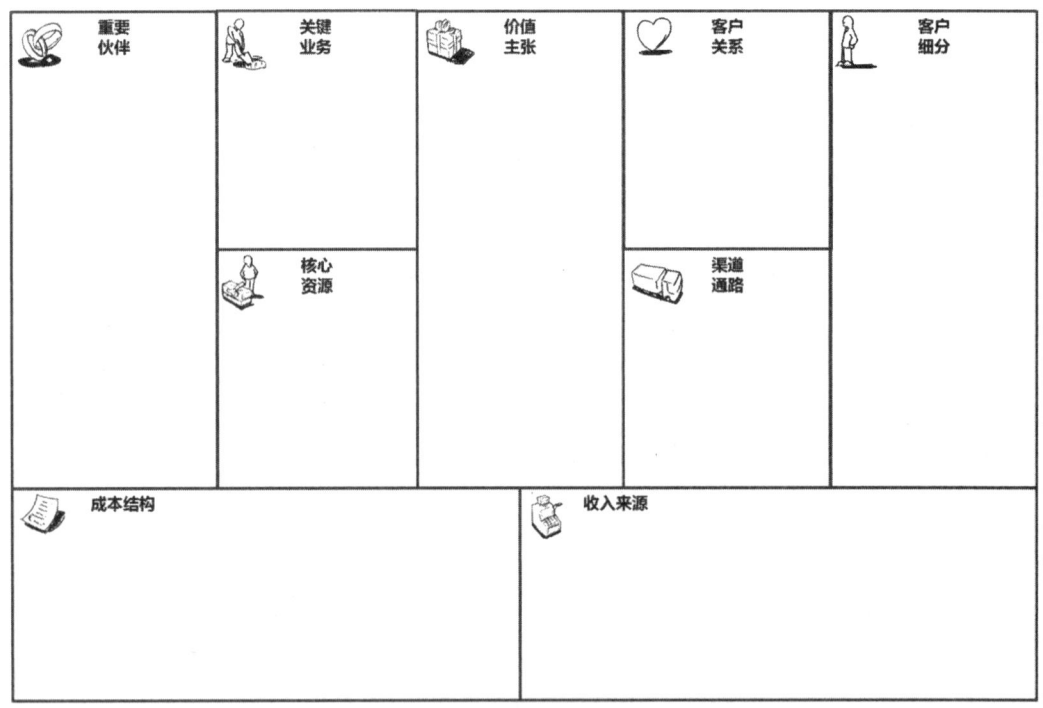

图 6-1　商业模式画布

商业模式画布是会议和头脑风暴的工具,它通常由一面大黑板或一面墙来呈现。商业模式画布图总共分为 9 个模块,它们分别为:客户细分、价值主张、渠道通路、客户关系、收入来源、核心资源、关键业务、重要伙伴、成本结构。

(一)客户细分

客户细分指的是企业最想或最可能服务或接触的群体或组织。客户细分时必须搞清楚:一是正在或准备为谁创造价值或提供服务;二是这些群体中谁是最重要的客户。例如,"如家快捷酒店"的客户定位在中小企业商务人士、休闲及自助游客,150 元至 300 元之间的经济型客房具有极大的吸引力。由于快速地加盟、复制、扩张,如家快捷酒店及时占据了区位优势。在经济型连锁酒店领域,也出现了更为细分的市场,如莫泰 268、汉庭,瞄准了比如家略高一个档次的市场。

(二)价值主张

价值主张指的是企业为特定客户细分创造价值的系列产品和服务,这些价值既可以是定量的，如价格、服务标准、培训等，也可以是定性的，如设计、客户体验等。

价值主张必须回答：一是向客户传递什么样的核心价值；二是能够帮助客户解决哪一类难题；三是能够满足客户哪些需求；四是能够提供给客户细分群体哪些系列产品和服务。

（三）渠道通路

渠道通路指的是企业通过谁来沟通，接触其细分客户面传递价值主张。渠道设计解决五个问题：通过哪些渠道可以接触细分的客户群体？现在如何接触他们？是否有多个渠道并进行有效整合？哪些渠道最容易和客户的需求进行融合？哪些渠道成本收益最好？

（四）客户关系

客户关系指的是企业与特定客户细分群体建立的关系类型。建立良好的客户关系需思考四个问题：每个客户细分群体，希望与之建立和保持何种关系？哪些关系已经建立？这些关系成本如何？如何将他们与商业模式的其他部门进行整合？

常见客户关系的类型：简单的买卖型，战略合作型，线上线下互动型，社区型，合资（合伙）型。例如，大数据驱动的智能全渠道全触点营销模式，以消费者为全程关注点，化线性单向营销思维为立体营销思维，让客户的用户画像更完善和准确，让营销更能打动人心。实现全链路、全媒体、全数据、全渠道的营销，也为企业产品研发、销售策略、售后服务等提供决策依据，提高商业效率和营销精准度。

（五）收入来源

收入来源指企业从客户群体中获取的现金收益。设计收入来源必须考虑五个问题：什么样的价值能让客户愿意付费？他们现在付费买什么？他们是如何支付费用的？他们为何更愿意支付费用？每种收入来源占总收入的比例是多少？持续性如何？

例如，"快书包"满足城市客户对"快速"的需求，一反众多电子商务的"综合化模式"，关注"窄需求"，缩短供应链，将城市整体物流配送的能力化整为零，划分为1小时可送达的配送区域。盈利模式主要是通过商品的差价挣钱。"快书包"日均订单量为200个左右，1个月的流水可以达到10万~20万元，图书行业的毛利在15%~20%。

（六）核心资源

核心资源指用来描述商业模式有效运转所必需的重要因素。核心资源包括实体资产、知识产权、人力资源、金融资产。

确定核心资源必须考虑三个问题：企业价值主张需要什么样的核心资源？企业渠道通路需要什么样的核心资源？企业客户关系和收入来源需要什么样的核心资源？例如，"云南白药"将白药配方添加到"成熟产品"中，让云南白药神奇疗效在充分竞争的产品市场发挥新效应，形成"两翼产品"系列（云南白药膏、云南白药创可贴、云南白药药妆产品、云南白药牙膏），在充分竞争的市场中重新展现了自身独特的资源价值。而在竞争策略上，则秉承"以强制强"的策略，将自己的优势与全球领先技术结合，达到共同创新产品，开拓新市场的目标。

（七）关键业务

关键业务指用来确保商业模式正常运行，企业必须做的最重要的事情。关键业务包括生产产品（生产养殖产品，给客户提供自然造物的业态）、制造产品（制造一定数量或一定质量的产品供应给客户）、专业服务（为单一个体或群体提供专业的问题解决方案，如企业咨询、外卖服务等）、中介服务（以个体企业或平台为核心资源的商业模式，关键业务与服务内容和平台属性相关，如网络服务、交易服务）等。

设计关键业务需思考：企业的价值主张需要哪些关键业务？企业的渠道通路需要哪些关键业务？企业的客户关系和收入来源需要哪些关键业务？例如，小米的关键业务是经典的"铁人三项"——硬件、软件、服务。硬件包括手机及其周边产品（如平板、移动电源、电视、机顶盒、路由器、手环等）；软件包括MIUI系统以及一些小米应用；提供的服务主要是互联网相关服务，如小米云服务、MIUI社区、娱乐等。

（八）重要伙伴

重要伙伴指用来描述行业模式有效运作所需的供应商与合作伙伴的网络。

考虑重要伙伴时必须回答三个问题：谁是我们的合作伙伴？我们能够从合作伙伴那里获取哪些核心资源？合作伙伴都执行哪些关键业务？例如，波音787客机可以说是全世界外包生产程度最高的机型。波音公司只负责最后组装，其余的工序由遍布全球的40个重要合作伙伴完成。

（九）成本结构

成本结构指运营一个商业模式所产生的各种费用的总和。

设计成本结构时必须回答：什么是企业商业模式中最重要的固有成本？哪些核心资源花费最多？哪些关键业务花费最多？例如，互联网行业最为流行的免费商业模式，不可避免地冲击了很多产业，尤其是媒体等。支付手段的成熟，用户付费习惯的日渐成形，再加上付费模式带来优质内容，互联网正在经历从免费到付费的转变。

一个完整的商业模式设计必须考虑以上九个环节，每一个环节都至关重要。在设计商业模式时应做到：专业、聚焦、差异化、强检验。专业就是一定要秉承专业化路线，聚焦就是往小里做，做"小而美"的企业。差异化就是要做别人不能做的事情，确定自己的独特定位。强检验则指只有为客户创造立竿见影、可以衡量的价值，才有可能给企业带来利润。

拓展阅读

顺丰的商业模式画布

顺丰是国内的快递物流综合服务商，总部位于深圳，经过多年发展，已初步具备为客户提供一体化综合物流解决方案的能力，不仅提供配送端的物流服务，还延伸至价值链前端的产、供、销、配等环节，从消费者需求出发，以数据为牵引，利用大数据分析和云计算技术，为客户提供仓储管理、销售预测、大数据分析、金融管理等一揽子解决方案。图6-2为顺丰的商业模式画布。

重要伙伴	关键业务	企业价值	主要利益相关者	客户细分
1. 顺达丰润。 2. 嘉强顺风。 3. 招广投资。 4. 元禾顺风。 5. 古玉秋创。 6. 顺信丰合。 7. 广东新邦物流。 8. 新夏晖。 9. GPS公司。 10. UPS。 11. 顺心捷达。 12. Flexport。	1. 时效快递。 2. 经济快递：顺丰特惠。 3. 同城直送。 4. 仓储服务：国际快递。 5. 物流营运：20 kg以上陆运。 6. 冷链运输。 7. 增值服务。 8. 重货快运：整车货物。 9. 小票零担：100-500kg。 **核心资源** 1. 57架货机，1799条航线。 2. 1.4万网点，7.3万辆车(含末端)。 3. 收派员28.88万。 4. 10个枢纽级中转场，49个航空、铁路站点，375个中转场，203个集散点。 5. 138个仓储。 6. 智慧网平台。	1. 为客户提供安全快速的物流渠道。效率是快递市场竞争的决定性因素，也是顺丰的核心竞争力。 2. 所有的网络末端都是公司直营，这样能统一标准，也不会出现加盟商罢工的现象。 3. 顺丰一直在努力打造民族速递品牌，顺丰以客户为中心，不断提高自己的服务能力，提高自己的响应速度。 4. 顺丰不断地去创新，推出新的服务项目，企业中就存在创新的基因。	1. 直营店，即网络末端。 2. 顺丰优选门店。 3. 电商企业。a. 电商产业园；b. 电商企业平台；c. 电商企业客户。 4. 地方政府。 5. 产地供应商。a. 生鲜；b. 茗茶；c. 地方特产。 6. 消费者。 **渠道通路** 1. 直营网点。 2. 重货网点。 3. 顺心捷达。 4. 冷运网络。 5. 第三方直营即时物流服务商。 6. 海外仓。 7. 顺丰优选。 8. 顺丰优选门店。	1. 快递业务高端人群，即时效要求较高的散件或重要的文件。 2. 3C电子行业；医疗行业；快消行业。 3. 电商客户。 4. 金融理财或支付客户。 5. 顺丰优选线上与线下客户。 6. 海淘客户。

成本结构	收入来源
1. 对合营企业和联营企业投资。 2. 电子设备、飞机及配件、飞机改装与维修、飞机场建设。 3. 购买土地、软件研发、管理费用、业务员工资。 4. 自动分拣设备、智能设备投入、手持终端、运输车辆。 5. 产业园建设。 6. 冷运仓储及其他仓储建设。 7. 购买理财产品。 8. 租用的办公楼。 9. 中转枢纽场地建设、末端网点建设。	一、分行业 1. 速运物流费用。 2. 商业销售费用。 3. 投资所得。 二、分产品 1. 时效产品费用。2. 经济产品费用。3. 重货产品费用。4. 冷运产品费用。 5. 同城配产品费用。6. 国际产品费用。7. 投资所得。

图6-2 顺丰的商业模式画布

四、创新商业模式

（一）改变原有商业模式的时机选择

创造新增长既要冒险开拓新市场，又要大胆创建新的商业模式。在下列情况下通常需要改变商业模式：

（1）由于现有解决方案价格太高或过于复杂，大量潜在客户被挡在市场外、需求有待满足的时候。

（2）通过应用新的商业模式让新技术得到充分利用，或者利用成熟技术进入一个全新市场（把军事技术用于商业领域，或把商业技术用于军事领域）的时候。

（3）当某个行业领域尚无"以完成客户的工作为核心"的理念的时候。

（4）需要抵御低端的颠覆性竞争者的时候。

（5）需要对竞争基础的改变做出响应的时候。

当然，除非企业对成功利用这类时机重塑商业模式有很大的把握，否则不应强求。

（二）商业模式创新的方法

商业模式创新就是对企业的基本经营方法进行变革。一般而言，有 4 种方法：改变收入模式、改变企业模式、改变产业模式和改变技术模式。

1. 改变收入模式

改变收入模式就是改变一个企业的用户价值定义和相应的利润方程或收入模型。这并非是从市场营销范畴中寻找用户的新需求，而是从更宏观的层面重新定义用户需求，即去深刻理解用户购买你的产品需要完成的任务或要实现的目标是什么。

经典案例

"茗香阁"的盈利新模式

茗香阁是苏州一家面积 500 多平方米的茶馆，位于一条僻静的小巷内。茗香阁从白领的需求出发，认真研究白领的切身需要，把茶馆从单一经营打造成一个具有多种盈利模式的"多媒体"平台。

1. 建立商务交流平台。茗香阁成立了一个服务主流消费群体的商务俱乐部，推出了两项服务内容：开展商务交流和组织商务培训。在会员内部开展交流活动，为有不同需求的人牵线搭桥，可以创造出更多的商业机会。

> 2. 提供婚介交友服务。大多数婚介机构表示愿意和茶馆合作。茗香阁特意在二楼开辟了一块专区，营造出一种幽雅、温馨的气氛。
>
> 3. 开辟茶叶销售终端。茶馆特意联合有条件的茶厂推出了无公害茶叶，由茶场直接供货，很好地迎合了消费者的需求。
>
> 4. 文化营销改善消费体验。在茶馆的一角开辟了一个书吧，根据目标消费群体的喜好，购置了一批畅销图书。同时，茗香阁还推出了一项书籍代售和代租业务，消费者可以把自己不需要的书带到茶馆，由茶馆负责寄卖或出租，并且不收取任何费用，这项业务吸引了许多喜欢看书、学习的消费者。
>
> 茗香阁通过四种新的盈利模式，改变了传统意义上茶馆只卖茶的观念，开拓了茶馆业务，为消费者创造新的价值服务，得到消费者的欢迎。

2. 改变企业模式

改变企业模式就是改变一个企业在产业链的位置和充当的角色，也就是说，改变其价值定义中"造"和"买"的搭配，一部分由自身创造，其他由合作者提供。一般而言，企业的这种变化是通过垂直整合策略或出售及外包来实现的。

3. 改变产业模式

改变产业模式是最激进的一种商业模式创新，它要求一个企业重新定义本产业，进入或创造一个新产业。亚马逊也是如此，它正在进行的商业模式创新向产业链后方延伸，为各类商业用户提供如物流和信息技术管理的商务运作支持服务，并向它们开放自身的20个全球货物配发中心，大力进入云计算领域，成为提供相关平台、软件和服务的领袖企业。

4. 改变技术模式

正如产品创新往往是商业模式创新的最主要驱动力，技术变革也是如此。企业可以通过引进激进型技术来主导自身的商业模式创新，如当年众多企业利用互联网进行商业模式创新。另一项重大的技术革新是3D打印技术，如汽车企业可用此技术替代传统生产线来打印零件，甚至可以采用戴尔的直销模式，让用户在网上订货，并在靠近用户的场所将所需汽车打印出来。

当然，无论采取何种方式，商业模式创新都需要企业对自身的经营方式、用户需求、产业特征及宏观技术环境具有深刻的理解和洞察力。这才是成功进行商业模式创新的前提条件，也是最困难之处。

第二节 大学生创业商业模式选择

本节导读：

为了获得长期的成功，创业企业的商业模式需要与创业者的特征、创业资源和创业机会相匹配。不同的创业模式要求的素质是不同的，选择适合自身素质要求的创业模式显得很重要。对大学生创业者来说，一个真正好的模式，应该是适合自己的，即其有能力操作而且能把现有的资源有效整合而进入的。希望学习者可以通过对本节内容的学习，了解大学生创业商业模式选择都有哪些，并能够选择出适合自己的商业模式。

一、技术开发类商业模式

技术开发类商业模式是指以某一门技术为创业支撑点开展的创业活动。以技术创业者为例，技术可以是自己所学的专业，也可以是所学的相关专业，或者是自己擅长的其他专业。相较于大型软件开发公司，大学生创业公司往往针对某一细分市场，如物流系统、教学教务系统等来提供个性化服务，在产品个性化和成本价格上都具有一定优势。对于初创软件公司，盈利模式主要是"定制项目"模式，即软件公司与客户签订合同，开发客户需求的项目，根据项目完成情况收取报酬以及后期维护费用。

大学生技术创业公司的目标客户主要集中于中小型企业及个人，其需要的产品技术难度较低，合作门槛低，需求量小但基数大，是初创型企业赖以生存的客户群体。在产品宣传推广上，口碑宣传和互联网推广是两种主要方式：前者指依靠老客户关系链得到"熟人"项目，后者是在互联网上投放广告，链接到自己公司网站而获取点击率。因此，部分大学生创业公司选择搬离高校创业园，或挂靠其他企业，以摆脱初期创业者形象。

二、电子商务类商业模式

电子商务是依托于信息网络技术、通过网络平台等媒介进行的商务交易活动，也是时下大学生创业过程中的主要使用方式。下面按照产品来源将其分为三类分别进行叙述。

（一）网上售卖实体物品

网上售卖实体物品是最热门的网络创业方式，要强调的是，这里的实体物品并不是经由自主开发设计而成，店家只是扮演中间商的角色。其中，网上开店是首选，这是一种成本低、风险小、传播广的经营模式，且对技术要求较低。其次，利用社交媒体平台也是近几年兴起的方式，提高了传播经营效率。不过，此类"依托型"经营平台自主性弱，而其总体局限性在于实体物品大都由厂家或零售商提供，经营者依靠赚取差价的方式赢利，形式比较单一。

（二）网络自主开发经营产品

自主开发经营的核心在于自主生产，通过多种网络售卖方式，打通上游生产链和下游营销链，成本低廉、自主性强成为其优势所在。信息化网络时代，互联网只有充分发挥资源整合功能，并渗透到产业链的各个环节，把握更长产业链才会拥有核心竞争力。网络自主开发经营产品是未来发展的主要趋势之一。

（三）通过网络平台进行其他自由创业

该类别是通过传统电子商务平台进行的自由创造活动，如网络代销、网络撰稿等，是大学生可以选择的一种新型电子商务模式。对于时间精力有限的大学生群体，网上自由职业适应性强，灵活性高，同时也可以为下一步自主创业打下基础。因此在实际网络宣传过程中，QQ空间、微博、微信朋友圈等社交媒介成为其重要的信息扩散地，这也是大学生创业宣传中不同于大企业在电视、网络等处投放广告进行宣传之处。

三、媒体设计类商业模式

媒体设计类公司的内涵很广，包括广告公司、宣传公司、多媒体开发公司、市场营销策划公司以及影视、画册策划公司等，主要是通过互联网技术和平台为第三人打造互联网产品，或者推广第三人产品的产业，这类公司的产品也都源于自主创造。随着"定制化"潮流的出现，类似于专业拍摄毕业画册、个人写真、承接社团、晚会等视频制作的大学生创业已经发展成一种趋势，且团队不断增多。随着互联网的普及，越来越多的媒体设计类的公司乐于把自己的产品公布到网上，年轻活跃的网民和产品直接投放区域的网民是其主要的受众，这种免费的宣传平台往往也能取得不错的效果。

在互联网环境下，产生了更多的收益计算方式，比如客户可以与公司约定以转发、点赞或者浏览量计算报酬，互联网的发展似乎给出了一种更科学的计酬方式，降低了客户的风险。

四、互联网平台类商业模式

通过建立互联网技术+平台进行创业的企业，因其方便快捷高效、有助于产品推广、不受时空限制等优势，受到越来越多的大学生创业者青睐。这类企业往往通过建立网站或微信公众号来进行网络创业，互联网平台的多样性也使得创业方式有了更多选择。消费者不再只是一个单纯的服务和产品接受者，也开始更多地参与到价值创造中来。利用互联网平台创业的企业更多的是通过销售网络产品服务来赢利的。大学生创新创业团队对于新事物有着较高敏感度，在盈利模式上有一定的创造与发展，利用互联网思维，大大提升了营收。因而在推广营销上则主要是依靠大众媒体，尤其是社交媒体，将产品搬到网络上，将落地式活动推广与网络病毒式营销相结合，让用户和消费者都成为潜在的传播伙伴，为企业提供了一个可在很大程度上实现规模化的营销模式，例如通过比赛、投票、抽奖、分享等方式来让用户广泛传播。

由于互联网平台类的开发是互联网技术与个人创作的有机结合，平台系统的质量保证体系是团队整体运营成为可控制过程的基础，也是用户和用户进行交流的基础和依据，需要不断去充实团队技术，需要大量的互联网人才来保证运营的可持续性。通过互联网平台为用户提供产品与服务体验前景可期，但是也面临一些挑战，比如在货币支付、信息保密性等方面的法律法规还不完善，难以吸引用户等。在社会化网络时代，成熟的开放平台应当是包含了身份认证、通信能力、安全体系等一系列基础服务的系统，只有将多种业务进行有效的优化整合，互联网平台的意义才能真正显现，才会改造传统企业，创造出全新的消费市场。

经典案例

湖南"90后"男生北大硕士毕业后京城开店卖牛肉粉

"吃圆的,还是吃扁的?"张天一推了推鼻梁上的黑框眼镜,一边舀粉下锅,一边用带着"米粉味"的常德腔和老乡打招呼。在寸土寸金的北京环球金融中心一个40平方米的门面里,24岁的湖南常德伢子、北京大学法学院即将毕业的硕士研究生张天一开了一家常德津市牛肉粉店。

1. "硕士粉,良心粉"

4月4日,张天一的"伏牛堂"常德津市牛肉粉店低调开业,和他一起创业的三个小伙伴有普通硕士、MBA,还有前公务员。职业前景光鲜的北大高才生,为何会选择开米粉店?

守着一锅牛肉、牛骨汤熬到凌晨两三点,一早再搭地铁首班车进店、烧水、煮米粉、招呼客人……在北京朝阳区环球金融中心M楼,旁边就是"高大上"的渣打大厦,周围不乏法式大餐、日本料理等高端环球食肆,你很难想象,这里会有一家湖南街头常见的"津市牛肉粉"。张天一的店就开在这里,40平方米,月租金近万元。记者在他发来的照片中看到,这家开在高档写字楼里的粉店和街头店很不一样,店堂敞亮,墙漆沙发色彩鲜明,更像一家西式快餐厅。更不一样的是它的海报招牌:"硕士粉,良心粉","我们是90后,在环球金融中心,为自己上班。用知识分子的良知,在他乡,还原家乡的味道"。

2. 线上线下齐头并进

张天一的目标不只局限于线下、外卖平台,他通过将上班族、学生等列为目标对象研制出了速食牛肉粉,然后开始在线上多个电商平台进行销售,仅仅一个月的时间,他的牛肉粉就实现了30万份的销量,销售速度简直惊人。

一个北大硕士高才生白手起家又善于使用自媒体,在短期内掀起了一定的行业波澜,赢得了资本的青睐与追捧。2015年,张天一先后获得险峰长青、真格基金、鼎天投资2700万元的A轮融资。

2016年,张天一推出盒装米粉。同年11月,张天一先后在天猫、京东、盒马鲜生等零售渠道布局,售卖包装速煮牛肉粉,月销售量突破30万份。

2018年4月,张天一宣布品牌升级,伏牛堂更名为霸蛮。同时宣布完成数千万元B轮融资,公司估值5亿元。

第三节 初识创业计划与创业计划书

本节导读：

大学生在创业过程中有一个优秀的创业计划，可以大大提高创业活动的成功率。相关的成功经验表明，一份优秀的创业计划书对于创业活动的成功往往起到事半功倍的效果，可以有效减少和规避各种不必要的风险和损失，所以，大学生在创业过程中编制一份优秀的创业计划书是十分重要的。希望学习者可以通过对本节内容的学习，了解创业计划与创业计划书，并能够制订自己的创业计划。

一、创业计划概述

创业计划是创业者在创业初期为企业勾画的蓝图，包括产品开发生产、市场营销、财务、人力资源等职能计划的综合。通过撰写计划书可以对创业的内外环境及必要条件进行全面、系统的客观分析，帮助创业者理清思路，引导企业顺利度过起步阶段。

（一）创业计划的特点

成功的创业计划还是具有很多共同点的，主要有以下特点：

1. 循序渐进

创业计划的制订往往要经过几个阶段并在每个阶段进行多次修改，循序渐进而成。

2. 一目了然

创业计划应该重点突出创业者和投资者所关心的议题，对关键的问题进行直接明确的阐述，好的创业计划给人的印象往往是意思表达明确，文章脉络清晰。

3. 令人信服

创业计划在内容表达方面应注意运用比较中性的语言，保持客观的调子，力求对计划中所涉及的内容进行不加主观倾向的评论，尤其不能使用具有广告性的语言。

4. 通俗易懂

在创业计划的编写过程中，不应该对技术或工艺进行过于专业化的描述或过于复杂的分析，而应力求简单明了、深入浅出，对必须引用的专业术语及特殊概念在附录中给予必要的解释和说明。

5. 风格统一

创业计划的编写如果是由多人协作完成的，那么最后应由一人统一修订成文，力求创业计划的风格统一，同时对计划中引用数据的来源进行明确的记录，并统一标明出处。

6. 严谨周密

创业计划是以客观表述拟创企业状况为宗旨的，因此格式必须严谨统一，必须有自己完整的格式。简而言之，创业计划应该提供一个清晰的容易为人理解的画面，显示出商业投资的机会和风险。

（二）创业计划的作用

1. 创业计划指明了创业的目标和方向

创业目标的不同决定着创业企业的未来发展与走向的不同。对希望建立可持续发展企业，并将其创办的企业看成是自己毕生追求的事业型创业者，可能会不管有人出价多少都拒绝被收购；而对追求迅速赢利的投资型创业者，则不会潜心于构建一家要持久经营才能长远获利的公司；同样，对那些谋生型创业者，他们只管赚取足够的现金来维持自己的某种生活方式，谋划着不断扩大自己的公司。

2. 创业计划为创业者提供了创业指南

具体包括：认识并关注客户；认清企业在产业价值链中的位置；熟悉企业所在的行业；善于利用外部资源；加强团队建设管理和企业文化建设；关注财务管理和企业的现金流；正确对待技术等。值得特别提醒的：一是关注现金流，这是以前我们经常忽略的；二是不要过分注重技术。技术人员占主导地位的创业企业，往往会陶醉于自己技术的先进性，而对客户需要和消费习惯不注意研究。我们建议刚起步的创业者把50%的精力放在营销上，把30%的精力放在团队建设上，而只把20%的精力放在技术和其他方面。

3. 创业计划使创业活动有序发展、持续进行

面对纷繁复杂、瞬息万变的市场经济汪洋大海，创业者不能依靠自己的想象任意而为，也不能只凭兴趣大胆妄为，或凭自己的感觉摸着石头过河，这样成功的概率很低。根据创业的需要，制订适合自己的创业计划就是讲究科学的体现。只有这样才能保证自己的创业活动不受外界变化的干扰，更有把握使创业获得成功。

4. 创业计划使创业活动落到实处

创业计划不仅包括创业的战略计划，也包括策略计划、竞争计划和职能计划，如组织计划、营销计划、生产计划、开发计划等。因此，创业计划不仅告诉创业者做什么，也告诉创业者怎么做，分几个部分、几个步骤，采取哪些措施方法去做等。所以，一个好的创业计划可以使创业的各项活动和事务落到实处，具有可操作性，能最终物化为人的具体活动，取得预期的结果。不然，创业项目可能只是镜中花、水中月，可望而不可即。

5. 创业计划是有效的沟通工具

创业计划将企业的发展潜力、所面临的机会，以及以一种明确的、有效的方式来开发这个机会地过程等清晰地展现出来，发挥着强大的与人沟通的作用。创业计划可以将创业者与内部员工凝聚起来并指导他们的行动；也可以引起外部投资者的兴趣，吸引他们投资。没有可信度和吸引力的创业计划，不能吸引到优秀的员工和谨慎、精明的投资者。

二、创业计划书概述

创业计划书就是创业者计划创业的书面摘要。它用以描述与拟创办企业相关的内外部环境条件和要素特点，为业务的发展提供指示图和衡量业务进展情况的标准。

（一）创业计划书的类型

创业计划书的类型可以从编写目的以及篇幅的长短加以划分，大致可以分成以下几种类型。

1. 争取风险资金投入的计划书

争取风险资金投入是编制创业计划书最主要的目的。风险投资主要投向以高新技术为基础的技术密集型项目。风险资本的主要来源是养老基金、保险公司、商业银行、投资银行、大公司、大学捐赠基金、富有的个人及家族等。在融资阶段，风险投资者最关心的是，项目有足够大的市场容量和较强的持续盈利能力，有一个完善、务实和可操作的项目实施计划，有完全具备成功实施项目的素质和能力的管理团队并且具备项目运营的成功保证。

2. 吸引人才加盟的计划书

创业融资固然重要，但资金和技术跟着人才走，人才资源才是第一资源。为了吸引优秀人才加入创业团队，计划书不仅要清晰地阐明企业的商业模式和未来发展规划，更要对如何吸纳新的合作伙伴、如何针对这些合作伙伴分配利益和规定权限作出说明，如采取技术入股、干股、期股等方式，在更大的范围寻找创业伙伴。

3. 争取政府支持的计划书

针对大学生创业，各级政府都有一系列的支持政策。为了得到政府的政策支持，创业者必须研究、编制、提供一份创业计划书。计划书应当强调企业的项目投资可行性，尤其要着重突出企业的社会效益和生态效益，只有项目有利于经济社会发展，符合国家鼓励发展的产业方向，才有可能获得政府的人才引进奖励、低息贷款、税收优惠等政策支持。

4. 争取合作伙伴的计划书

在创业过程中，有效的合作关系对创业者的帮助是非常强大的。为了有效获得这些合作关系，在必要的时候，创业者也往往需要向合作伙伴提交计划书，阐明自身的优劣势以及双方进一步发展合作关系的有利之处。基于这一要求，计划书就要有针对性地指出具体的合作方案以及合作双方可能获取的利益。

5. 略式计划书

略式计划书是一种比较简明、短小的计划，它包括企业的重要信息、发展方向以及少部分重要的辅助性材料。略式计划书的篇幅通常有 10～15 页。关键问题点到为止，给予扼要切实的回答就行。大学生准备创业可以先编制略式计划书，寻找有意向的合作者，以便为撰写详尽的计划书进行必要的分析准备工作。

6. 详式计划书

详式计划书要求创业者能够对整个创业思想做一个比较全面的阐述，尤其能够对计划中关键部分进行较详细的论述，它主要面向企业内部读者，是企业经营的蓝图。计划书篇幅一般有 30～40 页，并附有 10～20 页的辅助文件，其最大特点在于涵盖大量细节信息。详式计划书是建立在一系列假设基础之上的，而这些假设又都是以编制者对现状的理解为前提的。一旦主客观情况发生改变，计划就不得不随之改变。

（二）创业计划书的作用

1. 知己知彼，百战不殆

创业计划书是创业者为自己开拓事业而量身定制的一面镜子，在撰写创业计划书的过程中，创业者必须冷静而谨慎地对自己和即将开始的创业活动进行全面审视，包括政治、经济、文化环境，产品或服务是否符合市场需求，企业可持续发展的战略等。

2. 抛砖引玉，获得风投

一份好的创业计划书是创业者打开风投大门的垫脚石。对于尚在雏形中或尚待创办的新企业，风险投资者无从获知它的商业数据，一般只能通过创业计划书来了解企业前景，判断是否具有投资潜力和能否获得利益回报。因此，计划书的质量和水平在很大程度上决定了能否获得投资者的青睐。

3. 群英汇聚，百舸争流

创业计划书是创业者展示产品和服务的载体，同时也是展现创业者思想和才华的工具。一份优秀的计划书，不仅能使投资者看到创业者的潜力和决心，也能让有识之士看到希望和未来，将志同道合的人吸引到创业的团队中来，打造属于这些人的梦想舞台，助其实现人生理想。创业者在撰写计划书时必须慎重部署企业发展战略，确定创业可行性，为企业发展初期定下比较具体的方向和重点，从而使员工清晰了解企业的经营目标，给予他们信心和承诺，激励他们为达成目标而努力。

4. 整合资源，运筹帷幄

撰写计划书前，必定要对创业过程进行全面思考，完成自我评估、市场调研、产品研发、市场定位、营销策略制定、人事安排、财务规划等。创业计划书的书写实际上是对这些创业过程中各种凌乱、分散的信息和要素进行充分的研究，找出它们内在的联系，对它们进行调整和重组，实现有机承接，形成完整流畅的商业运作计划。

经典案例

同样的商机，不同的结局

有5个年轻人组建了一个创业团队，他们想要在大城市的公园里放置大型数字看板。于是他们直接找到投资者，对数字看板的前景和发展、自己团队的优势进行了一番谈论，然而投资者却毫无兴趣。

此时，另外一个团队也对数字看板感兴趣，他们首先进行了详细的市场调查，调查内容如下。

（1）上海公园里目前有多少户外广告？

（2）每个公园的日均人流量有多少？

（3）要放置多大的数字看板？

（4）放多少个才能达到最佳的销售数字？

然后这个团队对数字看板与传统看板的优劣势进行了分析,并以数字公式计算出数字看板可能带来的收入。但当他们把构想告诉投资人时,却得到了否定的回答。在投资人看来,数字看板本身是一项技术创新,这个出发点的确是有商机的,但是这个创新对任何人来说都一样,所有的创业者都处于同一个起点,这个团队没有明确地表示出这个事业能成功的关键,即能否取得独占性的资源(成为独家经营的企业),以及最重要的广告销售能力。

与此同时,第三个团队也看中了这个卖点,他们与第二个团队的不同之处在于,他们编写了详细的《创业计划书》,在《创业计划书》中明确地表述了关于传媒销售、广告营销以及吸引广告顾客的方法和执行手段,并附上了团队在这方面的优势。

这些说明为这个创业计划加了不少分,最终第三个创业团队获得了投资人的支持。

▶ 第四节　编制创业计划书 ◀

本节导读:

创业计划书是一个沟通工具,它可以告诉其他人,企业想要完成的目标是什么,企业实现目标的过程和方法是怎样的,同时也是衡量实际和预期收益差距的基础。每一个创业者都应该掌握创业计划书的撰写方法,做好创业计划的书面呈现。希望学习者可以通过对本节内容的学习,掌握编制创业计划书的方法,并能够编制自己的创业计划书。

一、创业计划书的基本结构

(一)封面和目录

封面的设计要有审美观和艺术性,一个好的封面会使阅读者产生最初的好感,形成良好的第一印象。

目录紧随封面页后,其作用是便于查找计划书的内容,因此目录需要列出计划书的主要章节、附录和对应页码。

(二)计划摘要

计划摘要是浓缩了的创业计划书的精华。计划摘要涵盖了计划的要点,以求一目了然,以便读者能在最短的时间内评审计划并做出判断。计划摘要一般包括以下内容:公司介绍;管理者及其组织;主要产品和业务范围;市场概貌;营销策略;销售计划;生产管理计划;财务计划;资金需求状况等。摘要要尽量简明、生动。特别要说明企业的不同之处以及企业获取成功的市场因素。

(三)企业介绍

这部分的目的不是描述整个计划,也不是提供另外一个概要,而是对你的公司作出介绍,因而重点是你的公司理念是什么和如何制订公司的战略目标。

(四)行业分析

在行业分析中,应该正确评价所选行业的基本特点、竞争状况及未来的发展趋势等内容。关于行业分析的典型问题主要有以下几点:

(1)该行业发展程度如何?现在的发展动态如何?

(2)创新和技术进步在该行业扮演着一个怎样的角色?

(3)该行业的总销售额有多少?总收入为多少?发展趋势怎样?

(4)价格趋向如何?

(5)经济发展对该行业的影响程度如何?政府是如何影响该行业的?

(6)是什么因素决定着它的发展?

(7)竞争的本质是什么?你将采取什么样的战略?

(8)进入该行业的障碍是什么?你将如何克服?该行业典型的回报率有多少?

(五)产品(服务)介绍

产品(服务)介绍应包括以下内容:产品(服务)的概念、性能及特性;主要产品(服务)介绍;产品(服务)的市场竞争力;产品(服务)的研究和开发过程;发展新产品的计划和成本分析;产品(服务)的市场前景预测;产品(服务)的品牌和专利等。说明要准确,也要通俗易懂,使非专业人员也能看明白。

(六)人员及组织结构

在企业的生产活动中,存在着人力资源管理、技术管理、财务管理、作业管理、产品管理等。而人力资源管理是其中很重要的一个环节。

在创业计划书中，必须要对主要管理人员加以阐明，介绍他们所具有的能力、在本企业中的职务和责任，以及过去的详细经历及背景。此外，在创业计划书中，还应对公司结构作简要介绍，包括公司的组织结构图；各部门的功能与责任；各部门的负责人及主要成员；公司的报酬体系；公司的股东名单，包括认股权、比例和特权；公司的董事会成员；各位董事的背景资料。

（七）市场预测

市场预测就是在市场调查获得的各种信息和资料的基础上，通过分析研究，运用科学的预测技术和方法，对市场未来的商品供求趋势、影响因素及其变化规律所做的分析和推断过程。管好一个企业，就是要管好它的未来，而管好未来就意味着对将来的正确预测。企业所处经济环境动荡不定，新技术日新月异，市场需求变幻多端，这就更要求企业不仅要着眼于现在，更应关注未来，而预测正是联系现在和未来的桥梁。下面是对预测功能的详述：

（1）可作为（新）产品发展的方针。根据企业的长期销售预测可以了解目前产品究竟在寿命周期的哪一阶段。

（2）可作为引进某种新生产技术的依据。

（3）可作为生产计划及采购计划的依据。根据短期销售预测的资料，可以编制销售计划，而根据销售计划也可拟订年度或每月的生产计划。

（4）可作为资金计划、增资扩厂计划及人事计划的参考。如果销售预测显示销路不久将大增，则应早日拟订资金计划，开辟新财源，准备扩充设备，增加生产量。

（5）可作为定价政策的研究依据。根据销售预测和市场占有率的大小，企业可决定何种定价政策较为有利，并采取对企业较有利的定价政策。

（6）可拟订存量水准。如果企业不注重销售预测，则工厂有时会生产过多，而有时会生产过少。

预测的步骤有七个，应循序实施：①确定预测的目标——其目的在于把握整个预测工作的重心。②搜集资料——搜集与预测对象直接及间接有关的资料。③资料的分析及调整——分析所获资料是否符合预测所需，若不符合，则有两种方法加以解决：一种是另搜集适合问题的资料；另一种是加以适当的调整。④资料趋势的分析——例如将其绘成历史曲线，或求算其长期趋势等，以明确资料变化的一般特性。⑤选择预测方法——选择预测方法时需注意以下几点：广泛性，准确性，时效性，可用性，经济性。⑥未来数字的预测。⑦可能事态的假设检定——即众多方面事实与统计方法的假设检定，以及检定预测结果是否正确。

（八）营销策略

对市场错误的认识是企业经营失败的最主要原因之一。在创业计划书中，营销策略应包括以下内容：

（1）市场机构和营销渠道的选择。

（2）营销队伍和管理。

（3）促销计划和广告策略。

（4）价格决策。

（九）生产制造计划

创业计划书中的生产制造计划应包括以下内容：

（1）产品制造和技术设备现状。

（2）新产品投产计划。

（3）技术提升和设备更新的要求。

（4）质量控制和质量改进计划。

（十）财务规划

财务规划是指为了达到财务安全的目标，为将来而设计但现在就开始执行的一系列财务对策。科学的规划可以让创业者顺利地达到各项财务目标。能否获得预期收益，怎样获得创业资本，如何运用所获资本，怎样建立财务内部控制制度，如何核算经营成果和财务状况，怎样避免风险等问题，都会不约而同地出现在创业者面前。财务规划一般包括以下内容，其中重点是现金流量表、资产负债表及损益表的制作。

（1）流动资金是企业的生命线，因此企业在初创或扩张时，对流动资金需要预先有周详的计划和进行过程中的严格控制。

（2）资产负债表则反映某一时刻的企业状况，投资者可以用资产负债表中的数据得到的比率指标来衡量企业的经营状况，以及可能的投资回报率。

（3）损益表反映的是企业的盈利状况，它是企业在一段时间运作后的经营结果。

（十一）风险和风险管理

创业者需要在商业计划书中如实向投资者分析企业可能面临的各种风险，同时还应阐明企业为降低或防范风险所采取的各种措施。投资风险被描述得越详细，交代得越清楚，就越容易引起投资者的兴趣。

（1）风险管理的步骤。实施风险管理主要有以下四个步骤：①风险预测。为了预防风险的发生，要对可能发生的风险损失有足够的估计，测量其风险程度的大小，发现潜在的风险和损失，力求减轻、避免或转嫁风险。②风险决策。根据风险投资的特点和规律，采用定量和定性的办法进行科学的决策，提出风险投资的可行性方案以及处理风险的最佳方案。③实施决策方案。一旦作出正确的决策，就要全力以赴执行，并采取各种有效措施来降低风险，保证方案顺利实施。④方案的成果评价。风险管理成果的评价，是建立在上述三个步骤正确实施的基础之上的。

（2）风险管理的基本原则。①平衡投资和组合投资的分散风险原则。即将风险资本同时投向不同企业、不同发展阶段，或几个风险投资公司联合向一个企业投资。这不仅可借助其他风险投资者的经验和资金降低风险，还能以较小的投资使风险企业获得足够的资金，能够迅速发展达到合理规模，尽早受益。②分类管理、区别对待原则。投资者把企业分为成功、平凡、失败三类。对成功企业加大投资，强化经营管理，促使它尽快成熟，及早在股票市场上公开上市，以获得最大利润；对平凡企业保持其稳定发展，鼓励其与大企业合并，或协助它从银行或其他渠道筹集资金；对失败企业及早提出警告，协助其改变经营方向，或者干脆淘汰，宣布其破产，以便把投资风险降到最低。

（十二）附录

不适宜放入计划书正文但又很重要的材料可以放在附录中介绍，如管理团队的简历、产品或产品原型的图示或照片、具体财务数据和市场调查计划等。

经典案例

一页纸计划摘要

大学生张明，首次参加了本地各高校联合举办的创新大赛。在大赛上，张明展示了和校友们共同研发的室内绿化项目，引起了风险投资者的兴趣。尤其是张明的那份一页纸的计划摘要。那么，张明的计划摘要都有些什么内容呢？让我们一起来看一看。

项目简介：本公司着力打造"人与自然"和谐共处的居住环境。随着社会经济的发展，人们的居住条件得到了改善，但其生存环境却在不断恶化，尤其是装修污染问题日益严重。目前，新装修的房屋绝大部分室内环境都达不到国家环保的标准，而由于室内空气污染引起的肺癌、呼吸道疾病以及白血病患者的数量也

> 在不断增加。如何通过室内绿化设计达到美化环境、消除污染的目的将成为人们装修时最关注的问题。
>
> 项目进展：项目初始投资 100 万元。经过 3 年的发展，公司营业收入及利润将每年递增，到第 5 年营业收入将达到 460 万元，税后利润达到 120 万元。
>
> 竞争优势：绿化环保产业是国家重点扶持和重点发展的产业。目前，市场上还没有将室内绿化设计与植物的特效功能（如清除有害气体等）联系在一起的公司，该领域处于市场空白阶段。另外，各地人民政府对该产业有相关的补贴政策。
>
> 产品介绍：通过室内绿化项目，消费者可以在健康与舒适的环境中生活。同时还能减少消费者因室内空气污染而引发的疾病。
>
> 团队介绍：创业团队由一群充满激情与创新精神的大学生组成，该团队拥有园林植物与观赏园艺专业的研究生、技术经济及管理专业的研究生，以及植物相关专业的本科生。其中，团队创始人还取得了室内绿化装饰师证书。
>
> 张明的项目之所以能够吸引风险投资者的目光，原因就在于他的"一页纸计划摘要"。这份计划摘要简洁明了，不但让投资者明白了该项目的商业价值，而且清楚地介绍了所提供的产品，以及该产品是如何解决消费者的问题的。

二、创业计划书的制订步骤

创业计划书的制订需要耗费巨大的精力，对即将进入或者刚刚进入社会的大学生来讲，他们缺少工作经验，想要制订一份好的创业计划书显然不是一件容易的事，这就需要科学的指导。做任何事情都需要一个完整的顺序和步骤，精心制作、不要急于求成，才能创造出好的东西。创业计划书的制订也需要这样一个过程。

（一）商业构想

大学生头脑灵活、点子多，脑袋里会有很多稀奇古怪的想法，而这些五花八门的想法很有可能就成为重要的商机。大学生创业之初就是在创意的万花筒中寻找一个可实现、有前途的构想。

（二）把构想细化

在上一步中获得了初步的构想，但是只有构想是不够的，创业团队需要集中思考、讨论，头脑风暴之后对创业思想作出系统规划，明确指出产品或服务、目标客户、融资计划以及盈利模式等。

（三）市场调研，获取信息

由大学生组成的创业团队大多没有社会经验，想法容易脱离实际情况，犹如天方夜谭。所以，大学生创业者要进行实地调研，对所处的行业、环境和政策背景进行调查，同时也需要就市场展开研究，分析消费者人群的特点，寻找目标市场，进行可行性分析，为下一步编写创业计划书提供数据积累。

（四）编写创业计划书

根据创业者的构想以及实际调查的数据制订明确的目标，拟定实施战略的具体措施。对产品或服务、市场分析、管理能力、营销、财务等部分的内容进行详细、准确的分析和阐述。

（五）创业计划书的后期制作

在完成创业计划书的编写之后，还要对其进行包装。良好的包装会使创业计划书易于保存和使用，也将给投资者留下良好的印象。首先是装订和封面，最好用活页夹把它夹起来，这样便于使用，然后要有一个精美的封面，这样看起来会让潜在投资人有个好心情。第二个是外观，大学生创业者要尽量使创业计划书的外观整洁、精美。如果外观不好，会留下不好的第一印象，但是如果外部过于精美，会使投资者觉得过于浮夸，甚至怀疑创业者使用资金的合理性。第三个是目录，大学生创业者一定要给创业计划书加目录，并且目录要足够详细，方便潜在投资人查阅。最后一个是对计划书的文本编码，大学生创业者一定要保护好自己的创业计划，若是申请投资被拒绝，一定要将创业计划书取回；或者确认未来不能取回的，递交时要与阅读者签订保密协议，这是对自己创业思想的保护。

三、编制创业计划书的注意事项

（一）行文符合逻辑、前呼后应

这一条应该算是最基本的要求，你的创业计划书前后的基本假设或预估要相互呼应，前后逻辑合理一致，不能前言不搭后语，或者前后的意思出现矛盾。不过，写作终究是门学问，不是每个人都擅长。很多理科出身的创业者，最怕的就是写报告、写计划书了，处在这种情况下的创业者应该找专业人士协助。

（二）客观实际

出现在你的创业计划书中的所有数字都要尽量客观、实际，千万不要凭主观的意愿去估计。大部分投资商都非常讨厌这样的创业者。一般情况下，很多创业者都会高估市场的潜力，而低估经营的成本。其实，你大可不必为了吸引投资商的兴趣，故意把经营成本报低，把市场潜力估高，而要实实在在地描述。在所有创业者中，诚信是一种优秀的品质，要对投资商诚信，更要对消费者诚信。

（三）内容明确

所谓明确是指你要在创业计划书中明确指出企业的市场机会和竞争威胁，并尽量以具体资料佐证。同时，分析可能的解决方法，决不能含混不清，企图蒙混过关。你所列出的数据和所要说明的观点，都要明确、明确、再明确。

（四）叙述完整

你的计划书从内容到形式都要完整。从内容上讲，你将要创办的企业名称、生产的产品或提供的服务名称，对市场的分析、资金的筹措、风险的分析和防范等都要呈现；从形式上看，一定要按照一般的格式，有头有尾，符合规范，计划书的装订也要尽量规范，投资商不仅看计划书的内容，还通过你的计划书来判断你做事的能力和态度。

> **知识拓展**
>
> **创业计划书的评估**
>
> 完成计划书后，可以按照一定的指标对创业计划书进行评估，根据得分可以看出自己薄弱的环节在哪里，方便改进。不同的计划书的评分标准和要求也不同，大多数企业在进行计划书评估的时候都会用到以下指标，如表6-2所示。
>
> 表6-2 创业计划书评估表
>
> | 评估指标 | 指标内涵 | 满分 | 实际得分 | 说明 |
> | --- | --- | --- | --- | --- |
> | 市场需求 | 市场需求调查充分，产品或服务有明显需求 | 15 | | |
> | 竞争分析 | 清楚地了解竞争对手，自身具有明显竞争优势 | 15 | | |
> | 市场营销计划 | 市场营销计划合理 | 20 | | |
> | 财务分析 | 项目收支预算合理，有防范风险能力，预计净利润较高 | 20 | | |

续表

评估指标	指标内涵	满分	实际得分	说明
创业者的个人情况	创业者具有社会实践活动经历，并取得成效	15		
管理团队	管理团队分工合理、优势互补	15		
合计		100		

思考与练习

1. 你是如何理解商业模式的？
2. 大学生创业可以选择哪些商业模式？
3. 创业计划书是什么？该如何进行编制？

拓展阅读

创业项目路演

项目路演作为一种促进投融资的重要活动，有利于加强投资者对项目的全方位了解。项目路演的好处在于可以同时让多个投资家很认真地倾听你的讲解和说明，同时还可以有一个思考和交流的过程，让投资人真正读懂企业的项目，从而做出更为准确的判断。希望学习者可以通过本节内容的学习，掌握创业项目路演的方法，并能够将这些方法运用到自己创业项目的路演中。

第七章 创业资源

学习目标

知识目标：

通过对本章的学习，了解创业资源都有哪些类型，掌握创业过程中的资源需求和资源获取方法，认识创业资金筹募渠道和风险，掌握创业资源管理的技巧和策略。

思政目标：

1.在我们每个人的身边，都有用不完的资源。当你有所需要时，不妨看看你的身边，或许你所需要的就在你身边。我们要学会把身边的资源充分利用起来，这样很多问题就会轻易解决。

2.通过对获取创业资源的多种途径的了解，明白条条大路通罗马，我们要善于通过多种途径解决问题。

创业需要以资源作为支撑，创业者只有获得足够多的资源，做好资源的分配、调整和组合，才能更好地获得创业成果。创业资源是企业创立和运营的必要条件，主要表现为创业人才、创业资本、创业技术和创业管理等。创业资源是创业成功的必要保证。绝大多数的创业者在创业初期拥有的资源都十分有限，因此，大学生创业者需要积极并有效地争取和整合创业资源，发展企业的核心竞争力，提高创业成功的概率。

▶ 第一节　创业资源概述 ◀

本节导读：

创业资源是指创业企业在创造价值的过程中需要的特定资产，包括有形资产与无形资产。创业的过程就是创业者尽力获取资源并对资源进行合理配置的过程，没有创业资源，创业者就无法创造价值，也就无法开展创业活动。希望学习者可以通过对本节内容的学习，了解创业资源的类型和作用，并能够正确认识创业资源的重要性。

一、创业资源的含义

创业资源是指新创企业诞生以及成长过程中所需要的各种生产要素和支撑条件。对于创新创业的个体而言，凡是能够对其创业项目或所创企业具有一定益处的要素，都可以看作是创业资源。

创业资源对于创新创业活动具有重要的意义。企业创立以后，创业者需要积极地从外界不断获取创业资源，以支撑企业的稳步发展。同时，作为创新创业活动的核心管理者，创业者在其创新创业活动中有效地将创业资源进行整合，使有限的创业资源发挥最大效用，进而推动初创企业的快速发展，有着非常重要的意义。

二、创业资源的类型

创业资源是新创企业成长过程中必需的资源,按照资源对企业成长的作用可以将其分为两大类:对于直接参与企业日常生产、经营活动的资源,我们称之为要素资源;未直接参与企业生产,但其存在可以极大提高企业运营的有效性资源,则被称为环境资源。创业资源的类型具体如表 7-1 所示。

表 7-1 创业资源的类型

资源类型		资源内容
要素资源	场地资源	场地内部的基础设施建设,便捷的计算机通信系统,良好的物业管理和商务中心,以及周边方便的交通和生活配套设施等
	资金资源	及时的银行贷款和风险投资,各种政策性的低息或无偿扶持基金,以及写字楼或者孵化器所提供的便宜的租金等
	人脉资源	创业开始前能帮助创业者选择项目的人员,创业初期能帮助创业者融资的人员,产品销售中能帮助创业者开拓销路的关系网,创业中遇到困难能为创业者提供担保的人员等
	人才资源	技术人才和管理人才的引进,高水平专家顾问队伍的建设,合格员工的聘用等
	管理资源	企业诊断、市场营销策划、制度化和正规化企业管理的咨询等
	科技资源	对口研究所和高校科研力量的帮助,与企业产品相关的科技成果,以及进行产品开发时所需要用到的专业化的科技试验平台等
环境资源	政策资源	国家为鼓励大学生创业出台的各项政策,以及各地方出台的相应扶持政策等
	信息资源	及时的展览会宣传和推介信息,丰富的中介合作信息,良好的采购和销售渠道信息等
	文化资源	企业之间相互学习和交流的文化氛围,相互合作和支持的文化氛围,以及相互追赶和超越的文化氛围等
	品牌资源	借助大学或优秀企业的品牌,借助科技园或孵化器的品牌,以及借助社会上有影响力的人士对企业的认可等

三、创业资源的作用

无论是要素资源还是环境资源,无论它们是否直接参与企业的生产,它们的存在都会对创业绩效产生积极的影响。

（一）要素资源的作用

1. 场地资源

任何企业都要有生产和经营的场所，这是企业存在的首要条件之一。例如，为网络工作人员提供舒适的办公环境和高速的网络通信系统，为市场人员提供便捷的商务中心和配套设施等，将有助于新创企业更快、更好地成长。

2. 资金资源

充足的资金将有助于加速新创企业的发展。新创企业无论是进行产品研发还是生产销售，都需要大量的资金。而且新创企业往往由于资产不足而缺乏抵押能力，很难从银行得到足够的贷款，这更使得资金资源成为企业高速发展的瓶颈，因此如何有效地吸收资金资源是每个创业者都极为关注的问题。

3. 人脉资源

一个创业者如果不能在最短时间之内建立自己最广泛的人际网络，那他的创业一定会非常艰难，即使初期能够依靠领先技术或者自身素质，比如，吃苦耐劳或者精打细算，获得某种程度上的成功，但也可以断言他的事业一定做不大。

4. 人才资源

人才对于新创企业的成长和发展已经越来越重要。事实上，当代企业管理中的人才已经由传统的"劳动力"概念转变为"人力资本"的概念。高素质人才的获取和开发，成了现代企业可持续发展的关键；而对于高科技企业来说，因为其更大的知识比重，人才资源则更为重要。

5. 管理资源

大学生创业者由于缺乏实践经验，对于企业管理知识往往有所欠缺，很多创业企业都失败于管理不善，这意味着拥有一套完整而高效的管理制度是新创企业的宝贵资源。当然，在企业缺乏这一资源时，专业的管理咨询策划将有助于提高新创企业的生产和运作效率。

6. 科技资源

作为新创企业如果能拥有科技资源将会赢在创业的起跑线上，因此应积极引进有商业价值的科技成果，加强和高校、科研院所的产学研合作，这将有助于加快产品研制和成型的速度，缩短产品进入市场的时间，为企业的市场竞争提供有力支持。

（二）环境资源的作用

环境资源的作用可以影响要素资源，并间接促进新创企业的成长。

1. 政策资源

从中国的创业环境来看,新创企业需要相应的扶持政策,只有在政策允许和鼓励的条件下,新创企业才能获得更多的国内外人才、贷款和投资、具有明确产权关系的科技成果、各种服务和帮助及场地优惠等。当然,政策资源是公共资源,所有同质的高科技企业都可以享受,但新创企业更应该重视政策资源。

2. 信息资源

专业机构对于信息的收集、处理和传递,可以为创业者制订研发、采购、生产和销售的决策提供指导和参考。由于竞争十分激烈,新创企业就更加需要丰富、及时、准确的信息,以争取到更多的要素资源。这种信息如果由创业者通过市场调研分析而获得,成本可能过高,因此常常由专业机构提供。

3. 文化资源

文化资源是企业发展中重要的一环,对于新创企业来说,文化资源尤为珍贵。硅谷成功的一个很重要的原因是那里的文化氛围浓厚,比如,鼓励冒险、容忍失败等。文化,对于新创企业和创业者有着极大的精神激励作用,令新创企业以更强的创业动力和能力有效地组合要素资源并创造价值。

4. 品牌资源

新创企业所置身的环境也具有一定的品牌效应。例如,优秀的孵化器能为高科技新创企业提供品牌保证,这可以提高政府、投资商和其他企业对在孵企业信誉度的估价,有助于促进新创企业获取资金、人才、科技、管理等资源。创业者要善于利用品牌资源,加强新创企业和品牌之间的互动,以增强社会的影响力。

经典案例

牛根生创业整合资源

牛根生刚开始只是伊利的一个洗碗工,凭着自己的勤奋和聪明做到生产部门的总经理。后来因各种原因辞职了,但是他那个时候都40多岁了,去北京找工作,人家嫌弃他年纪大。他没有办法又回到呼和浩特,邀请原来伊利几个同事,一起出来创业,人有了,但是当时面对的困难——没有工厂,没有品牌,没有奶源,每一项都是致命的。

第一个问题,没有工厂怎么办?牛根生开始资源整合了,通过人脉关系找到哈尔滨一家乳制品公司,这家公司设备都是新的,但是生产的乳制品质量有问题,同时营销渠道又没有打通,所以产品一直滞销,牛根生马上找到这家公司的老板,说:"你来帮我们生产,我们这边都是伊利技术高层,帮忙把关技术,牛奶的销售铺货我们也承包了。"这个老板一听,马上答应下来。而且他们几个一起出来创业的伙伴也有了落脚的地方,解决了生存的问题。

　　第二个问题,没有品牌怎么办?在乳制品这个行业,没有品牌很难销售,因为品牌代表着安全可靠。因此,他们借势,整合,打出口号:"蒙牛甘居第二,向老大哥伊利学习。"口号一出,一个不知名的品牌马上跻身全国品牌前列。牛根生不只是盯着伊利,而且把自己和内蒙古的几个知名品牌联系起来,说:"伊利,鄂尔多斯,宁城老窖,蒙牛为内蒙古喝彩!"前三个都是内蒙古驰名商标,把自己放在最后,给人感觉就是内蒙古的第四品牌。牛根生整合品牌资源不仅迅速,而且没有花一分钱就让自己的品牌蒙牛成为知名的品牌。

　　第三个问题,没有奶源怎么解决?自己买牛去养,但问题是牛很贵,也没有那么多人员去照顾,于是蒙牛整合了三方面的资源:第一个是农户,第二个是农村信用社,第三个是奶站的资源。信用社借钱给奶农,蒙牛做担保,而且蒙牛承诺包牛奶销路。奶牛生产出来的牛奶由奶站接收,蒙牛又找到奶站。蒙牛定时把信用社的钱还了,把利润又给了奶农,趁机喊出一个口号:"一年养10头牛,过的日子比蒙牛的老板还牛。"

　　从上面的案例中可以看出,现在这个时代,一个企业靠独立经营,单打独斗,力量是十分有限的,一定要整合各方面的资源才能把企业做大。

▶ 第二节　创业资源的获取 ◀

本节导读:

　　创业之初,创业者所需的资源往往只能通过自身来获取,由于新创企业的高度成长性,在其迅速成长扩张过程中,创业者很快会发现自身获取的资源远远不能支撑企业的发展,为了企业能够持续地发展,外部给予的资源也是非常必要的。因此,创业者必须了解获取外部资源的基本途径。希望学习者可以通过对本节内容的学习,掌握创业资源开发的技巧,并能够用这些方法获取创业资源。

一、创业资源获取的主要途径

创业资源的获取途径通常可分为市场途径和非市场途径两种。当创新创业所需的资源拥有相对活跃的市场,或通过类似的可比较资源进行交易时,可以采用市场途径;除此之外,其他情况下主要采用非市场途径。

(一)通过市场途径获取资源

通过市场途径进行相关资源获取的方式主要包括购买、联盟和并购等。

1. 购买相关资源

购买相关资源主要是通过市场购入的方式,利用财务资源获取资源。需要注意的是,知识领域内的资源特别是隐性知识等,是难以通过市场渠道直接购买的。因此,新创企业需要借助非市场渠道进行相关资源的开发或累积。

2. 通过联盟方式获取相关资源

联盟泛指通过联合其他形式,对一些企业或个体难以独立开发的资源,进行共同开发的方式。该种方式能够实现对相关资源价值及其使用价值达成一定的共识,并且还能对相关技术的研发或使用实现共享。这也是一些技术类企业广泛采用的方式,如选择与地方高校或科研机构进行联盟,能够在不增加设备投入的同时,及时得到企业发展所需的相关技术资源,促进企业的持续稳定健康发展。

3. 通过并购方式获取相关资源

并购方式主要是通过股权或资产收购,将企业的外部资源进行内化的一种企业交易方式。资源并购的重要前提是并购双方的资源,特别是知识等新资源具有较高的关联度。该方式可以有效地帮助创业者减少进入一个崭新领域的时间成本,进而较好地实现对创业机会的掌控。

(二)通过非市场途径获取资源

通过非市场途径进行资源获取的主要方式包括资源吸引和资源累积。

所谓资源吸引,主要是指发挥无形资源的杠杆作用来获取相关创业资源。创业者在进行融资或技术获取过程中，可以通过恰当地展示其创业项目以及创业团队声誉等，获得天使投资人或风险投资机构的认可和信任，进而吸引到其所需的相关创业资源。

所谓资源累积，主要是指创业者利用现有的资源，在企业内部通过技术研发、员工培训等方式，形成其所需的资源。内部资源的自我积累可以通过开发企业内部的新技术、提高组织内部的员工素质来实现。很多创业者会采用资源累积的方式，实现企业所需人力资源以及技术资源的自我积累。

不管企业通过市场途径，还是非市场途径进行相关创业资源的获取，都有赖于资源在市场中的可用性和成本等因素。任何一个企业，不论是创新创业初期，还是成长或成熟阶段，都离不开对相关资源的获取，可以说它贯穿了整个创业活动。但对于任何一个创业者来讲，如何利用多种途径实现资源的有效获取，都将是企业发展过程中需要重点关注的课题。

二、创业资源开发的技巧

创业资源开发是指创业者开拓、利用新资源或发现新用途的活动。在创新创业过程中，创业者需要在实现资源价值的基础上，进一步拓展资源的来源和用途，这是企业创立和成长的竞争优势。

（一）开发个性化的创业资源

实际上，人类的每个生命个体与生俱来地都携带有某些创业资源，如人格、勇气、利益、意识以及精神等，只要合理地唤醒创新创业愿景，激发创新创业精神，就可能点燃创新创业的梦想，进而实现创新创业的目标。可以从以下几个方面进行挖掘。首先，转变思想观念，要将自我所拥有的一切，都作为创业资源来看待，包括性别、民族、体质、智力、经验以及其他因素。其次，跳出思维定式，创业者不能按照常规的观点来进行自我审视，而是需要运用辩证的唯物论观点，从资源整合角度来进行资源优势、劣势的判定，要将看似劣势的资源转化为优势资源。

（二）开发高价值的创业资源

从创业资源的角度来看，高校学生是创新创业中的劣势群体，不仅缺少必要的人、财、物等物质资源，还相对缺少工作或行业经验，以及人脉等相关非物质资源。对于众多的高校学生而言，他们并不缺少对高价值商机的识别能力，以及对商业机会的把控能力。根据教育阶段性的特点，高校学生可以利用在校期间学习资源的便利条件，结合其学科专业进行相关理论、知识的学习，并以此来识别创业机会，从而研发出具有一定技术价值的产品或服务，以及新的商业模式。有了这个基础，学生可以凭借此优势资源来吸引创业的其他相关要素，最终顺利地实现创业。

（三）组织高效率的创业团队

对于高校学生而言，创业团队的主要成员类型有：同学型创业团队、亲属型创业团队以及师生型创业团队三种。同学型创业团队，主要是由同学所组成的创业团队。同学型创业团队的成员可能来自大学期间的好友、寝室室友以及组织社团朋友，甚至跨校区的同学等。知名在线订餐平台"饿了么"品牌就是其创始人在寝室创立的。

亲属型创业团队一般分为两类：家族已有企业进行孵化和学生毕业后与家人共同创业。家族型企业的创业相对成功率较高，因为其是在已有企业中进行二次孵化。在充分尊重家族意愿的情况下，通常高校学生都会将新的理念或想法带到家族企业中。毕业后和家人共同创新创业，也是近些年学生创业的趋势。越来越多的高校学生选择与家人一起进行家族式创业。

师生型创业团队是由学生邀请教师参加创业团队，促进教师的科研成果转化，最终将产品推向商业市场。尤其在理工类高校，很多学科的教师都拥有一定的技术专利，其中多数技术实际上可以通过商业渠道实现价值转化，并造福于高校、企业或社会。2016年8月教育部和科技部出台《关于加强高等学校科技成果转移转化工作的若干意见》，明确了建立科技成果转移转化年度报告制度和绩效评价机制，以及健全以增加知识价值为导向的收益分配政策，大大地增强了高校教师的创业动力。以此为契机，与高校教师建立密切的团队合作关系，组织一支高效的创业团队，也是创业资源获取的一条捷径。

经典案例

茗记甜品：大学生加盟成功

1. 一次美食体验迸发创业想法

小志与茗记甜品第一次"结缘"在于一次偶然的品尝。"当时有一家名为'茗记甜品'的甜品店在市区开张，我和朋友逛街正好碰上就进行了试吃。"小志说。谁知这么一次随意的甜品消费，却令小志对茗记甜品印象深刻，萌发创业的想法。

"它十点开张，十一点就爆满了，那是我第一次见到的'开张盛况'。"被茗记甜品加盟店首日开张的爆满客流量惊呆的小志,还对茗记甜品的味道赞誉有加。

2. 茗记甜品店座无虚席

据小志介绍,每到黄昏时分,茗记甜品总会迎来人流高峰期,既有一家老小来这里吃甜品聊家常的,也有情侣约会的,同学、朋友之间的聚会更是经常在茗记甜品出现。对于大多数消费者来说,茗记甜品不仅就餐环境舒适,甜品也好吃实惠,因而成为消费者聚餐的首选之地,并为它带来不错的收益。

3. 创业分享:胆大心细

加盟茗记甜品的小志表示,两年前他之所以敢做出"集资"之事,除了他不想向父母"借钱",重要的是茗记甜品的项目优势给了他很大的信心。而事实也证明,小志仅花了小半年的时间,就将资金返还给朋友,并获得了不少的分红。

第三节 创业融资

本节导读:

一直以来,大学生创业都是解决就业问题的途径之一,然而创业资金的筹集无疑是阻碍大学生成功创业的一大难题。资金是企业基础性的重要资源,它就像企业的血液一样融入企业日常经营的整个过程里。在实践中,常常"一分钱难倒英雄汉",缺乏资金,企业可以说是寸步难行,而新创企业融资并不容易,存在各种现实困难。希望学习者可以通过对本节内容的学习,认识创业融资,掌握创业融资的方法,并能够在自己的创业中获得资金。

一、融资和创业融资

融资,从狭义上讲,是一个企业的资金筹集的行为与过程。创业融资是指创业企业根据自身发展的要求,结合生产经营资金需求现状,通过科学的分析和决策,借助企业内部或外部的资金来源渠道和方式,筹集生产经营和发展所需资金的行为和过程。

在创业组织开业经营之前,创业者需要确定企业启动所需要的资金。为了保证企业在启动阶段业务运转顺利,在企业业务经营达到收支平衡之前,创业者需要准备足够的资金以备支付各种费用。

> **经典案例**
>
> **字节跳动的飞跃**
>
> 北京字节跳动科技有限公司成立于2012年,是较早将人工智能应用于移动互联网场景的科技企业之一,字节跳动在发展过程中从来没有缺过钱。2012年4月,公司就从海纳亚洲等3家公司获得了300万美元的天使轮投资,依靠这笔投资,字节跳动在一个月内就上线了内涵段子App。同年7月,公司又获得海纳亚洲的500万美元A轮投资,充足的资金使该公司在当年的8月就上线了独立研发的"今日头条"客户端,该App通过海量信息采集、深度数据挖掘和用户行为分析,为用户智能推荐个性化信息,从而开创了一种全新的新闻阅读模式。该App受到网民的热捧,迅速上升到了应用下载榜的前列,为字节跳动带来了大量的用户。
>
> 2013年,今日头条推出了头条号功能,进军自媒体创作,同年9月,获得俄罗斯DST的1000万美元B轮投资,此时公司估值已经高达6000万美元。2014年6月初,红杉资本与新浪微创投领投1亿美元的C轮投资,公司估值达到5亿美元。2015年4月,今日头条的用户数达到了2.4亿;8月,TopBuzz上线,字节跳动正式进军国际市场。
>
> 2016年,火山小视频、西瓜视频、悟空问答与抖音先后上线,字节跳动大大拓展了自己的经营领域,抖音取得了巨大的成功;当年底公司获得10亿美元D轮投资,公司估值达到110亿元人民币。2017年9月公司获得20亿元人民币的E轮投资;2018年底公司完成约40亿元人民币的Pre-IPO轮投资,投前公司估值达到750亿美元。2019年,字节跳动的预计广告营业收入达1000亿元人民币,完成这个目标,百度用了18年,而字节跳动只用了7年。
>
> 字节跳动的发展历程可谓是行业的标杆,该公司的扩张速度与增值速度均创造了国内的新纪录,其中的奥秘就是通过不断融资,然后不顾亏损用大笔支出迅速获得海量用户,最后再通过广告实现盈利,融资已成为创业企业高速发展的不二手段。

二、创业融资渠道

（一）自我筹资

总的来说，成功的企业家的创业资金有30%来自自己的积蓄。创业初期团队成员依靠自身的筹资，往往具备了初期项目启动的能力。同时自筹资金也是一种自我承诺，极大地坚定与鼓舞了团队士气。一般来说，大学生创业初期所选择的项目及投入都不会太大，所以创业的启动资金大部分是由几个股东一起凑起来的，单人创业的启动资金基本上是自筹。从萌生创业想法到最终付诸实践，其间总会有机会让你攒下积蓄。"先打工赚钱，再出来创业"也成为许多创业者的路径规划。

（二）向父母、亲朋好友融资

向家人和朋友借钱，应该是很多创业者采取的方法。有利的一面是，成功概率高，投资和利息条件较优惠，而且能够较快拿到钱。不利的一面是，容易出现纠纷，父母可能会插手公司；如果创业失败，可能会一辈子对他们有负罪感。向父母借款时不要超出他们的损失承受能力。

（三）股东融资

共同参与的所有股东，合伙凑集启动资金。不少人选择合伙创业的方式来减轻创业初期资金的压力，人多力量大，一人出几万元，10万元、20万元的启动资金很快便能凑拢。

优势：容易共同前进，达成统一利益共识。

劣势：出现亏损时股东有可能因承受不住压力而撤资，影响士气。

所以，用别人的钱创业，看着筹资轻松，风险和问题却从资金层面转移到合伙人层面，创业者仍然不能放松警惕。

（四）创业贷款申请

大学生创业者可针对每年的创业扶持政策进行申请，以获得当地政策与资金的扶持。

优势：创业贷款资金使用压力较小，有贴息、免息等政策。

劣势：获得扶持难度较大，申请者较多。大学生创业贷款是国家给大学生提供的创业优惠措施，为支持大学生创业，国家各级政府出台了许多优惠政策，涉及融资、开业、税收、创业培训、创业指导等诸多方面。

(五)加入孵化计划/赢取创业基金

每年大量的社会公益机构,针对创业者开展大赛、论坛,经过评委评定,发放部分资金帮助创业者。

优势:获得的扶持资金可免偿或免息。

劣势:公益机构创业扶持评审周期长。

很多城市的创业园区、政府机构都有为创业者提供创业基金的政策和孵化器,提供办公的场所和初始基金;一些知名创业扶植服务机构、基金也会定期举办创业大赛等活动。用赢取创业基金的方式筹集创业的启动资金,不失为一个高效、可行的办法,但同时也要求创业者具备足够的实力,从众多申请者中脱颖而出。

(六)天使投资

天使投资起源于纽约百老汇。传统意义上的天使投资是指自由投资者或非正式机构对有创意的创业项目或小型初创企业进行的一次性的前期投资,是一种非组织化的创业投资形式。而现在,天使投资的概念已经拓展了,它还包括一些正式机构对有创意的创业项目或小型初创企业进行的多轮次的前期投资。

天使投资的特征:直接向企业进行权益投资;不仅提供现金,还提供专业知识和社会资源方面的支持;程序简单,短时期内资金就可到位。

天使投资主要面向的是初创期和种子期的企业,投资资金数量都比较少,一般几万元到几百万元不等,而且投不投、投多少资金主要依据投资者个人的眼光和喜好,遇到合适的项目投资者可以立刻拍板。

中国天使投资人目前已渐成规模,对我国的创业起到了很好的促进作用。不同的天使投资人有各自相对鲜明的投资判断准则、投资风格、主要关注的领域,大学生创业者想要成功地获得天使投资人青睐,顺利拿到风险投资,就必须对此有所了解。

(七)商业银行贷款

商业银行贷款具体包括个人生产经营贷款、个人创业贷款、个人助业贷款、个人小型设备贷款、个人周转性流动资金贷款、下岗失业人员小额担保贷款和个人临时贷款等类型。目前各类银行都有针对中小企业的贷款政策,可帮助初创企业解决短期资金问题。

很多人认为找银行,金额大了批不下来,再加上对政策、手续的不熟悉,他们觉得审查会很麻烦,投入的时间和精力成本太高。但实际上,很多银行都设有小额担保贷款,在必要时可用于满足企业日常生产经营的资金周转,帮助创业公司突破瓶颈。

> **知识拓展**

常见的网贷骗局

1. 低门槛的贷款办理

在银行申请贷款之所以困难，就是因为银行的门槛高，那么网贷就没有门槛吗？同样也是有的。只有骗子才会告诉你，什么都没有也能办理贷款，或是只要有身份证、社保证明就可以办理贷款，贷款机构不是做慈善的，见不到你的还款能力证明是不会给你发放贷款的，所以遇到这些无条件无门槛的贷款一定要当心。

2. 当天就可以拿到贷款

银行贷款申请之所以难，还有一个原因就是银行贷款审核过程多，手续繁杂，因而发放贷款就慢，那么网贷的放款速度能达到这么快吗，当天就可以拿到贷款吗？关于这个，大家不能太过相信，不管在哪里申请贷款都有一定的过程，面对资质优良的客户，在资料齐全的情况下，有些网贷可以一到三天放款。

3. 不需要亲自出面，通过电话就能拿到贷款

有些人申请贷款，却接到了异地电话称可以办理贷款，贷款都有地区性的，最好是找当地贷款公司申请，并且需要本人亲自办理，没有一通电话就能放款的。

4. 贷款前要交费的

不管遇到什么样的骗子，最终的目的都是让你转账给他，但试想下，你连贷款的钱都没拿到，凭什么要先付费呢？教大家最简单的一招识别网贷骗局，即，凡贷款前让你交费的绝对是骗子，正规的贷款机构贷款前是不会收取任何费用的。记住，是任何费用。

（八）众筹募资

众筹源于国外"crowdfunding"一词，顾名思义，就是利用众人的力量，集中大家的资金、能力和渠道，为小微企业或个人进行某项活动等提供必要的资金援助。创业者可以把自己的产品原型或创意提交到众筹平台，发起募集资金，由感兴趣的人来捐献指定数目的资金（捐助者可以在项目完成后得到一定的回馈，如这个项目制造出来的产品）。

互联网金融的兴起让许多人曾经以为的不可能的事情成为可能，现在，越来越多的国外创业者开始在Kickstarter、Indiegogo等众筹网站募集资金，国内也出现了很多出色的众筹平台，如天使汇、大家投、点名时间、追梦网等。这些众筹平台分属于股权众筹、奖励型众筹、捐赠型众筹等不同种类。

（九）担保机构融资（信用担保）

信用担保融资主要由第三方融资机构提供，是一种民间有息贷款，也是解决中小型企业资金问题的主要途径。从 20 世纪 20 年代起，许多国家为了支持本国中小企业的发展，先后成立了为中小企业提供融资担保的信用机构。目前我国国内中小企业信用担保融资机构已经很多。

（十）其他融资方式

其他融资方式有典当贷款、P2P 贷款、设备融资租赁、孵化器融资、集群融资、供应链融资等，下面着重介绍典当贷款和 P2P 贷款。

典当贷款：典当期限短则 5 天，长则半年，到期还可以延期；典当金额少则几百元，多则上千万元，这些都可以双方协商约定。小企业的扩张发展选择典当贷款，不失为一种有效的融资方式。

P2P 贷款：如果需要少量营运资金，可以尝试 P2P 贷款，在网上寻找合适的借款人。

三、创业融资方式的选择

创业融资需求具有阶段性特征，不同阶段的资金需求量和风险程度存在差异，不同的融资渠道所能提供的资金数量和风险程度也不相同，创业者在融资时必须将不同阶段的融资需求与融资渠道进行匹配，才能高效地开展融资工作，获得创业活动所需的资金，化解融资难题。

在种子期和启动期，企业处于高度不确定中，只能依靠自我融资或亲戚朋友的支持，以及从外部投资者获取"天使投资"。建立在血缘和信任管理基础之上的个人资金是该阶段融资的主要渠道。

企业进入成长期后，已经有了前期的经营基础，发展潜力逐渐显现，资金需求量也比以前增大，此时，依靠个人资金已无法满足企业的需要，企业也具备了进行机构融资的条件，创业投资、商业银行、政府支持计划等都成为可用的资金来源。此时，创业者应该充分发挥想象力，积极了解各方面的信息，尝试多种多样的融资方式。

企业进入成熟期后，债券股票等资本市场可以为企业提供丰富的资金来源。如果创业者选择不再继续经营企业，则可以选择公开上市、管理层收购或其他股权转让方式退出企业，收获自己的成果。表 7-2 列出了创业过程与融资渠道的匹配过程。

表 7-2 创业过程与融资渠道的匹配过程

融资渠道	种子开发期	启动期	成长期	成熟退出
创业者	●	○		
朋友和家庭	●	○		
天使投资	●	●	○	
战略伙伴	●	●	●	
风险投资	○	●	●	
资产抵押贷款		●	●	
设备租赁		●	●	
信用担保融资		○	●	
政府资助		●	●	
上市融资 IPO				●
债券融资				●
管理层收购				●

▶ 第四节　创业资源的管理 ◀

本节导读：

不同的创业资源有着不同的作用，创业者仅靠单个资源可能难以创造新的价值，因此需要对创业资源进行开发和调整，通过合理的组合搭配将不同的创业资源整合在一起，使其互相作用，更好地服务于创业活动。希望学习者可以通过对本节内容的学习，掌握创业资源管理的方法，并能够使自己已获得的创业资源发挥最大价值。

一、有效利用自有资源

大部分创业者因为受到有限资源的约束，被迫寻找创造性的方式开发商机去建立企业，并推动企业的发展，学术界用"bootstrapping"一词来描述这一过程中创业者利用资源的方法。这个方法主要是指在缺乏资源的情况下,创业者分多个阶段投入资源,并且在每个阶段或决策点投入最小的资源,因此也被称为"步步为营法"。

步步为营法的主要策略是成本最小化,设法降低资源的使用量,降低管理成本。但过分强调降低成本,会影响产品和服务质量,甚至会制约企业的发展。例如,为了求生存和发展,有的创业者不注重环境保护,或者盗用别人的知识产权,甚至以次充好。这样的创业活动尽管在短期内可能赚取利润,但就长期而言,它将会影响企业的发展。所以,需要有原则地运用成本最小化的"步步为营法"。

步步为营法的策略还表现为自力更生,最大限度地减少对外部资源的依赖,最大限度地发挥创业者投在企业内部的资金的作用,目的是降低经营风险,加强对新创企业的控制。例如,创业者可以通过申请政府创立的创业园或创业孵化器,享受那里的免费办公室,与其他创业者一起共享办公设备等,也可以利用兼职人员,招聘实习生。总之,在实现创业目标的过程中,创业者能够独辟蹊径地找到许多降低成本的方法。

二、创造性地拼凑资源

在创业情境下,资源约束是创业者面临的首要问题,大多数创业者都缺乏资源来开发创业商机。那么,创业者如何利用手头现有的、零散的、在他人看来没有什么价值的资源,富有创造力地构想资源的新用途,并且用它们来发现机会或支持初创企业的成长呢?

资源拼凑理论在自身的发展过程中形成了三个核心概念,即"凑合利用""突破资源约束"和"即兴创作"。这三个概念都与资源紧密相关,从不同资源角度反映了创业过程的资源拼凑特点。具体而言,"凑合利用"是指利用手头资源来实现新的目的和开发新的商机,重在对资源的创新性利用;"突破资源约束"是指创业者拒不向资源、环境或者制度约束屈服,积极主动地突破资源传统利用方式的束缚,利用手头资源来实现创业目标,因而凸显了创业者在资源拼凑过程中表现出来的创新意识以及创造创业价值所必需的可持续创业能力;而"即兴创作"与前面两个概念紧密相关,是指创业者在凑合利用手头资源、突破资源约束的过程中必须即兴发挥,创造性地使决策和行动同时进行。

综上所述,创造性地拼凑不是凑合,而是在资源约束条件下,创业者为了解决新问题、开发新商机整合手边现有资源,创造出独特的服务和价值。实现创造性拼凑需要三个关键要素：身边有可用的资源、整合资源实现新的目的和凑合使用。

（一）身边有可用的资源

善于进行创造性拼凑的人常常拥有一批"零碎"资源，它们可以是物质，也可以是门技术，甚至可以是一种理念。这些资源常常是免费物品或廉价处理品。在他人眼里，它们一文不值，最多像鸡肋。

综观成功的企业家，会发现他们很多都是拼凑高手，能"妙手回春"，将身边的"破铜烂铁"改造为早期的设备。

此外，很多高新技术企业的创业者并不是科班出身，只是出于兴趣或其他原因，对技术略知一二。但后来，往往就是凭借这个"一二"创业者能够敏锐地发现机会，并将这一身边资源迅速转化成生产力。联想的掌门人柳传志毕业于军校，专业是雷达系统，他并不是计算机专业科班出身，但在中科院计算机研究所工作期间耳濡目染的一些相关知识，成为他日后掌舵联想的重要基石。

（二）整合资源实现新的目的

拼凑的另一个重要特点就是为了其他目的重新整合已有资源。市场环境日新月异，对企业是挑战也是机遇。于是，整合手边已有的资源，快速应对新情况，成为企业"保卫阵地，抢占制高点"的利器。这些资源可能是藏在仓库中的废旧物资，也可能是旁人弃之如敝屣的二手货。拼凑者用一双善于发现的眼睛来洞悉身边资源的各种属性，将它们创造性地整合起来，开发新商机，解决新问题。同时，这种整合往往不是事先仔细计划好的，而是具体情况具体分析、摸着石头过河的产物。

（三）凑合使用

出于成本和时间的考虑，创造性拼凑的载体常常是身边的一些废旧资源。这种拼凑先天不足，从一开始就注定了拼凑出的东西品质有限，这就意味着拼凑者需要突破固有观念，忽视正常情况下人们对资源和产品的常规理解，有意识且持续地试探一些惯例的底线，坚持尝试突破，并承担随之而来的后果。完美主义者或怯于承担风险的人常常难以忍受，因为拼凑的东西会事故频发，需要一次次地尝试，一次次地矫正，然后才能满足企业的基本需求。但在资源束缚的条件下，创业者除了将就，还有别的选择吗？何况，拼凑有时候就是在一个个不完美中逐渐蜕变出辉煌。

对于新业务，创造性拼凑的三种要素往往同时出现，从而使企业资源结构独树一帜。由此可见，创造性拼凑的三种要素能形成合力，创造出一种强有力的机制，让贫瘠的土地盛开出绚丽的"生命之花"。

> **经典案例**
>
> **拼凑的艺术**
>
> 一个废弃的煤矿紧挨着格雷森的农场。煤矿形成了巨大的污水坑,并且产生大量沼气。沼气是一种温室气体,对人体有毒。格雷森的农场也被沼气毁了,从此无法进行耕种。
>
> 失去了农场收入的格雷森没有放弃,与合伙人一起挖了一个洞直通废矿井,这样沼气就从洞里涌出。然后他们又从本地工厂购买了一台二手柴油发电机,经过简单改造,使之能够燃烧沼气。发电机被架在洞口利用沼气发电,大部分电力通过翻新的变压器卖给本地电网。考虑到发电机产生大量的热,他便利用发电机的冷却系统加热水温,建造了一个温室,用于无土栽培番茄。
>
> 格雷森没有蓄电设备,于是在非用电高峰期时,他就用生产出的电力点亮特制的灯泡,用于加速番茄生长。考虑到温室里有种植番茄的营养液、水、免费的热能,格雷森决定养罗非鱼。他用冲洗番茄根部的水养鱼,并用鱼的排泄物作为肥料种番茄。最后,倘若手中还有多余的沼气,他就卖给一家天然气公司。一个废弃的农场和有害的沼气在格雷森手里完成了变身,变成了可观的财富。
>
> 在别人眼里已经废弃的资源,格雷森创造性地将其拼凑在一起,建立了发电机、温室等设施,收获了电、温室蔬菜、罗非鱼以及天然气4类产品,创造了他人意想不到的财富,是资源整合的完美范例。

三、发挥资源的杠杆效应

资源的杠杆效应是指以最小的付出获取最大收获的现象,通常有以下表现形式。

第一,利用一种资源换取其他资源。

第二,创造性地利用别人认为无用的资源。

第三,能够比别人有更长的时间占用资源。

第四,借用他人或其他公司的资源来达成创业者自身的目的。

第五,用一种富裕资源弥补一种稀缺资源,使其产生更高的附加值。

杠杆效应对推动创业活动具有重要的意义,因此创业者要在创业过程中训练自己发挥资源杠杆效应的能力。

对于创业者来说，由于初期资金缺乏、时间紧迫，最容易产生杠杆效应的资源就是创业者自身的素质和能力以及社会资源等非物质资源。就创业者的素质与能力来说，如果创业者具有能够识别一种没有被完全利用的资源的能力、将某种资源运用于特殊方面的能力及说服资源拥有者让渡使用权的能力，这都能使资源发挥出杠杆效应。

就社会资源的杠杆效应来说，社会资源存在于社会结构之中，为人们进行交易、协作提供了便利。在外部联系人之间，社会交往频繁的创业者所获取的相关商业信息更加丰富，这有助于提升创业者对特定商业活动的深入认识和理解，从而使创业者更容易识别出常规活动中难以被其他人发现的顾客需求，进而更容易获得财物等物质资源——这正是其杠杆作用所在。

实践训练

调研创业资源获取途径

◆ **实践目的**

1. 了解获取创业资源的重要性。
2. 认识创业资源的获取途径。
3. 掌握创业资源获取的技能。

◆ **实践流程**

1. 选择调研对象

请通过老师或上网查阅，了解当地有哪些大学毕业生创业公司，在这些公司中，选出一家经营良好的公司作为调研对象。

当地大学毕业生创业公司：
选择的调研对象：
该公司发展历史概况：

2.调查该公司核心创业资源种类

请与该公司的管理层说明你的沟通目的，与其交流后，了解目前公司在创业中需要的核心创业资源是什么，并将其记录在下面的横线上。

核心创业资源：

_____

_____

_____

3.了解创业资源获取过程

请进一步访问公司管理层相关人员，了解获取这些核心创业资源的过程，咨询获取创业资源时的考虑因素以及具体是如何获取的，并将主要观点记录下来。

该公司获取创业资源时的考虑因素：

（1）内部因素

_____

_____

_____

（2）外部因素

_____

_____

_____

该公司获得创业资源的具体过程：

_____

_____

_____

4.总结获取创业资源的途径

请根据以上记录，分析总结该公司获取创业资源的途径。

资源获取来源：
_____
_____
_____

资源获取方式：
_____
_____
_____

5. 实践思考

你在创业资源获取方面有哪些启示？你平时用哪种方式来获取某种资源？尝试想出更多方式。

_____
_____
_____

思考与练习

1. 创业资源都有哪些？该如何获取创业资源？
2. 创业融资的途径有哪些？
3. 该如何进行创业资源的管理？

第八章
创业团队

学习目标

知识目标:

通过对本章的学习,认识创业团队,了解创业团队的组成要素和类型,熟悉创业团队组建的原则和程序,掌握管理创业团队的方法,掌握创业团队常见问题的解决方法。

思政目标:

1.通过对创业团队的了解,明白团队的重要作用,在日常生活中要学会团结他人。

2.通过对创业团队问题的了解,明白事物发展的过程中都可能存在问题,因此要树立发现问题、研究问题、解决问题的问题意识。

对于创业公司来说，团队的重要性不言而喻。然而大多数创业者却没有认识到这一点，他们觉得只要项目好、壁垒强、容量够大那就有人愿意往里边儿投钱。事实上并非如此，哪怕再好的项目、再好的产品始终是要人来运作。所以在整个创业过程中，创业者需要做的就是构建一个跟他步调一致的团队。一个优秀的团队，应该都是向着同一个目标前进，有共同的理想和价值观，这样团结在一起才能发光发热，创造出属于自己的事业。

▶ 第一节　创业团队概述 ◀

本节导读：

创业是一件非常困难的事情，特别是刚起步的时候，有很多事情需要去处理，仅仅凭借着创业者自己的力量是肯定无法完全做好所有事情的，所以说团队至关重要。而且团队最好是分工明确，各自负责自己擅长的部分，大家一起努力，利用集体的力量，这样才能取得成功。希望学习者可以通过对本节内容的学习，了解创业团队的组成要素和类型，认识优秀团队必备的要素和特征，并能够认识到团队的力量是最强大的。

一、团队与创业团队的含义

不同的角度界定了团队（Team）的定义。路易斯认为，团队是由一群相互认同并致力于达成共同目标的人所组成，这一群人相处愉快并乐于在一起工作，共同为获得高品质的结果而努力。在这个定义中，路易斯强调了三个重点：共同目标、工作相处愉快和高品质的结果。

创业团队是由一群技能互补、责任共担的创业者组成的，他们是为了实现共同的创业目标和一个能使他们彼此担负责任的程序，共同为获得高品质结果而努力的共同体。创业团队是两个或两个以上有一定利益关系，拥有所创建企业所有权或处于高层主管位置，并共同承担创建和领导新企业责任的人所组成的工作群体。

二、创业团队的组成要素

（一）创业团队一般具备五个重要的团队组成要素，称为"5P"

1. 目标（Purpose）

创业团队应该有一个既定的共同目标，为团队成员导航，知道要向何处去。没有目标，这个团队就没有存在的价值。目标在企业的管理中以企业的远景战略的形式体现。

2. 人（People）

人是构成创业团队最核心的力量。3个及3个以上的人就形成一个群体，当群体有共同奋斗的目标就形成了团队。在一个创业团队中，人力资源是所有创业资源中最活跃、最重要的资源，应充分调动创业者的各种资源和能力，将人力资源进一步转化为人力资本。

3. 创业团队的定位（Place）

创业团队的定位包含两层意思。

（1）创业团队的定位。创业团队在企业中处于什么位置？由谁选择和决定团队的成员？创业团队最终应对谁负责？创业团队采取什么方式激励下属？

（2）创业者的定位。作为成员在创业团队中扮演什么角色？是制订计划还是具体实施或评估？是大家共同出资，委派某个人参与管理，还是大家共同出资，共同参与管理，或是大家共同出资，聘请第三方管理等？

4. 权限（Power）

创业团队中领导人的权力大小与其团队的发展阶段和创业实体所在行业相关。一般来说，创业团队越成熟领导者所拥有的权力相应越小，在创业团队发展的初期阶段领导权相对比较集中。

5. 计划（Plan）

计划有两层含义：

（1）目标最终的实现，需要一系列具体的行动方案，可以把计划理解为达到目标的具体工作程序。

（2）按计划进行可以保证创业团队的工作进度，只有在计划的操作下创业团队才会一步一步地接近目标，从而最终实现目标。

三、创业团队的类型

创业团队大体上可以分为三种类型：星状创业团队、网状创业团队和虚拟星状创业团队。

（一）星状创业团队

星状创业团队，一般在团队中有一个核心主导人物，充当领军的角色。这种团队在形成之前，一般是核心主导人物有了创业的想法，然后根据自己的设想进行创业团队的组织。

（二）网状创业团队

这种创业团队类型的成员一般在创业之前都有密切的关系，如同学、亲友、同事、朋友等。一般都是在交往过程中，共同认可某一创业想法，并就创业达成了共识以后，开始共同进行创业。

（三）虚拟星状创业团队

这种类型的创业团队是由网状创业团队演化而来的，基本上是前两种类型的中间形态。在团队中，有一个核心成员，但是该核心成员地位的确立是团队成员协商的结果。因此，从某种意义上说，核心人物是整个团队的代言人，而不是主导型人物，其在团队中的行为必须充分考虑其他团队成员的意见，不像星状创业团队中的核心主导人物那样有权威。

四、优秀团队必备的要素和特征

（一）团队领头人的必备素质

创业者之所以创业成功首先是模式的成功，然后是服务和品牌，最后才是技术。一个优秀的团队最显著的特征是有一个强有力的核心，这个核心就是团队领头人。

（1）团队领头人要具有前瞻性。

（2）团队领头人对市场要相当敏感。

（3）团队领头人要有超人的胆识。

（4）团队领头人要有非凡的毅力。

（二）一个团队必备的 5 个基本要素

创业者之所以多遭破产厄运，最主要的原因在于他们缺少一支优秀的创业团队。一个团队必备的 5 个基本要素如下。

（1）信任。

（2）换位。

（3）沟通。

（4）谨慎。

（5）快乐。

（三）高效团队的主要特征

高效团队是指发展目标清晰，团队成员在有效的领导下相互信任、沟通良好、积极协同工作的团队。

（1）明确的目标。

（2）互补的技能。

（3）相互的信任。

（4）一致的承诺。

（5）高度的责任感。

（6）良好的沟通。

（7）合适的领导。

> **经典案例**
>
> **"新东方直播间"团队**
>
> 2022 年新东方旗下品牌东方甄选的双语直播间爆红，6 天涨粉 400 万，日销量千万，甚至把新东方的股票都带火了。毕竟，一边看直播买东西，一边学英语的模式让人觉得"耳目一新"。在直播过程中，主播们会先用中文介绍产品，紧接着用英文再描述一遍。时不时地还会为大家普及下英文小知识，并在白板上书写一些英文单词或短语，方便大家学习。东方甄选直播间的成功与其团队的老师密不可分。

1. 董宇辉老师

最先火出圈的是董宇辉。他是一名农村走出来的高才生，毕业于西安外国语大学，在新东方教过近10年高中英语，高三英语学科负责人，带过超50万名学生。被称"中关村周杰伦"。董老师不仅英语专业知识扎实，诗词歌赋、文学、哲学、天文地理更是信手拈来。大家感受到了文化的魅力，不禁感慨：我们真的要多读书！面对转型，董宇辉也曾迷茫，看不到自己的价值，想过离开。在他迷茫打算离职时，新东方在线CEO孙东旭（东方甄选负责人）留下了他。在东方甄选，董宇辉继续发挥光芒，直接让新东方股价翻倍。

2. YOYO老师

YOYO，中文名孙楚涵，是一名"90后"，毕业于香港大学教育学专业，硕士学历，新东方小学事业部明星教师。在新东方工作10年了，从小热爱英语，从小学到高中做了10年英语课代表，高考英语146分。全能型老师，多才多艺，组建过乐队，曾经在国际学校担任过老师，具备国际化视野，还喜欢唱歌和弹吉他，经常在直播间自弹自唱英文歌。还用英文自己改编了经典歌曲《水调歌头》。

3. 七七老师

中文名孙晓，"95后"，2019年，毕业于英国萨里大学，口译硕士，才做了两年英语老师就不得不面临转型。七七人称"中关村阿黛尔"，语速超快！多才多艺，会多种乐器，比如鼓、吉他、钢琴等，曾在直播间卖电子琴的同时，自弹自唱一首英文歌。她的抖音视频全都是自弹自唱的歌曲。

4. 顿顿老师

这位温文尔雅的王若顿老师，湖北人，毕业于中南财经政法大学。在直播间可以用英文说rap，用中文、英文讲解《诗经》。顿顿老师的直播间，吸引了不少小迷妹，喜欢他深厚的文学底蕴，还有羞涩的微笑。

5. 石明老师

石明毕业于西安交通大学，曾赴新加坡国立大学、英国Frensham高中交流学习。曾获新东方集团第十一届教师进修班优秀教师，新东方集团优秀教师、优秀管理者。他平易近人，亲和力很强，专业方面很厉害，曾为新东方编写了八本教材。

▶ 第二节 创业团队组建 ◀

本节导读:

　　团队是企业的主要组织形式,是由员工和管理层组成的一个共同体,它合理利用每一个成员的知识和技能,协同工作,解决问题,达到共同的目标。所以,创业团队是指在创业初期(包括企业成立前和成立早期),由一群才能互补、责任共担、愿为共同的创业目标而奋斗的人所组成的特殊群体。希望学习者可以通过对本节内容的学习,了解创业团队组建的原则,熟悉创业团队的组建程序,并能够根据不同的创业需求组建合适的创业团队。

一、创业团队组建的原则

　　组建创业团队,首先应该考虑的就是创业过程中所需人员应具备的基本知识与能力,从而按照实际需要组织能够担当各种职能的团队成员。组建创业团队一般应遵循以下原则:

(一)目标明确合理的原则

　　目标明确能使团队成员清楚地认识到共同的奋斗方向。与此同时,目标也必须是合理的、切实可行的,这样才能真正达到激励的目的。创业团队一定要有一致的创业思路,成员个人的目标要与企业的愿景一致,即认同团队将要努力的目标和方向。在组建创业团队、选拔队员的时候要思考:团队是否有清晰的恪守不移的核心理念和充满感召力的宏伟目标?团队成员是否都明确了解并认可这些核心理念和宏伟目标,并愿意为此而奋斗?

> **经典案例**
>
> **众筹咖啡馆**
>
> 2014年3月8日，在光谷步行街上，一群穿着红色长裙的女白领为她们共同出资的咖啡馆"沿街吆喝"，引来路人驻足围观。49位女白领的"美丽动人"当然值得一看，但更为重要的是她们在短短的一周时间众筹了近100万元。这个项目的发起人也是一名白领，叫宋文艳，她通过朋友圈发起了这个众筹。在这些白领中，有些人是因为拥有着创业梦想，有些人是为了拓宽自己的社交圈子，有些人想拥有一个交流的平台，还有一些人想为创业积累一定的资源，因为每个人的目标都不一样，在开业后没多久这个咖啡馆就倒闭了。

（二）互补原则

创业者之所以寻求团队合作，其目的就在于弥补创业目标与自身能力之间的差距。只有当团队成员相互间在知识、技能、经验等方面实现互补时，才有可能通过相互协作发挥出"1+1＞2"的协同效应。

（三）精简高效的原则

为了减少创业期的运作成本、最大比例地分享成果，创业团队人员构成应在保证企业能高效运作的前提下尽量精简。

（四）动态开放的原则

创业过程是一个充满了不确定性的过程，团队中可能因为能力、观念等多种原因不断有人离开，同时也有人要求加入。因此，在组建创业团队时，应注意保持团队的动态性和开放性，使真正完美匹配的人员能被吸纳到创业团队中来。

（五）权益合理分配的原则

创业团队权益分配是指依法律文本的形式确定一个清晰的利润分配方案，把最基本的责权利界定清楚，尤其是股权、期权和分红权，此外还包括增资、扩股、融资、撤资等与团队成员利益紧密相关的事宜。创业初期，企业一般以有限责任公司的形式存在，因此，在实施期股计划的时候，名义股东及各股东的名义股份与公司章程中实际股东和股份往往并不一致，股东身份和股权的真正确认往往在必要的法律手续的变更之后才能实现。此外，应该尽可能地预留一些股份，一部分用来在一定时间内（如1年或3年内），根据团队成员的贡献大小再次分配，另外一部分预留给未来的团队成员和主要的员工。

二、创业团队的组建程序

创业团队的组建是一个相当复杂的过程，不同类型的创业项目所需要的创业团队也不相同，创业程序也存在一定的差异。概而言之，创业团队的组建程序大致如下：

（一）确定创业目标

"凡事预则立，不预则废。"组建创业团队之前一定要明确创业团队的总目标，即通过完成创业阶段的技术研发、市场调研、规划、组织和管理等各项工作，实现新创企业的从无到有，从起步到成熟。为了推动团队最终实现总目标，需要将总目标进行再分解，设定若干可行的、阶段性的子目标。

（二）制作创业计划书

当阶段性的目标和总目标确定之后，就要研究如何实现这些目标，这就需要制作周密的创业计划书。通过制作创业计划书可以进一步使创业团队的思路清晰，为后面寻求合作伙伴奠定基础。

（三）SWOT 分析

创业者要认真分析自我，发掘自己的特长，了解自己的不足。SWOT 分析，即基于内外部竞争环境和竞争条件下的态势分析，就是将与创业团队组建密切相关的各种主要内部优势、劣势及外部的机会和威胁等，通过调查列举出来，并依照矩阵形式排列，然后用系统分析的思想，把各种因素相互匹配起来加以分析，从中得出一系列相应的结论，而结论通常带有一定的决策性，进而使得创业者能够对自己正在或即将从事的创业活动有足够清晰的认知。

> **知识拓展**
>
> **SWOT 自我分析示例**
>
> 1. 优势
>
> （1）做事比较认真，脚踏实地，不懂的问题虚心向他人求教。
>
> （2）积极向上，乐观地看待生活中的困难和挫折。
>
> （3）独立自主，富有极强的职责心和耐心，做人自然不做作。
>
> （4）能主动关心人，能为他人着想，和同学友好相处，对人真诚友善，且乐于助人。

（5）有较强的组织能力，适应性较强。

（6）身体素质好，运动能力强。

（7）除了学习本专业的知识，还考了会计从业资格证。

2. 劣势

（1）有点认生，面对不熟悉的人比较拘谨，偏内向，而且异性朋友较少，只有面对熟悉的人时才放得比较开。

（2）专业知识不够牢固，对所学的知识理解不透，知识面窄。

（3）语言表达能力较差，普通话不是很标准，带有方言口音，胆子比较小，很少在公共场合发言。

（4）有时心直口快，不经意间伤害到他人，对事物容易感到厌烦。

（5）不常参与校里、院内举办的活动，缺乏挖掘潜力的锻炼和经验。

（6）学习没有明确的目标与合理的规划，而且学习不够主动，很多时候是一股热劲，容易受周围环境影响。

（7）由于不喜欢英语，所以英语能力较差。

3. 机会

（1）学校是一个学习的地方，有良好的师资、物资条件和财力，校图书室图书资源丰富，那里学习环境和氛围很好。

（2）学校、学院都会举办许多活动，为我们制造展示和锻炼自我的机会。

（3）信息时代，传媒发展迅速，我们能够在电视、网络上找到许多自我所需的知识。

4. 威胁

（1）就业形势严峻，市场竞争激烈。

（2）大学人才资源丰富，企业门槛高，要求严格，而且企业对应届毕业生的能力也有所顾虑。

（3）社会十分复杂，要应对各种各样的诱惑，以防迷失自我。

（4）与自己同专业的人有很多，竞争压力大。

（四）寻找创业合作伙伴

通过SWOT分析，创业团队根据自身情况，选择有利于实现创业计划的合作方式，寻找那些与自己优势互补的创业合作伙伴。

（五）职权的合理划分

为保证创业团队成员执行创业计划，顺利开展工作，创业团队成员要进行职权划分，也就是根据执行创业计划的需要，具体确定每个团队成员所要担负的职责以及相应的所拥有的权限。

（六）团队的调整融合

运转流畅的创业团队并非创业一开始就能建立。很多时候是随着创业团队的运作，团队组建时在人员匹配、制度设计、权责划分等方面的不合理之处逐渐暴露出来，团队对问题进行修正调整，当问题逐渐解决后，展现在我们面前的才是一个初具规模的创业团队。团队问题的暴露是一个动态持续的过程，所以团队调整也是分阶段的动态过程。创业团队阶段及特征与调整重点见表8-1。

表 8-1 创业团队阶段及特征与调整重点

阶段	特征与调整重点
形成期	初步形成创业团队的内部框架、建立创业团队对外工作机制
规范期	通过交流想法设定团队目标、成员职责、流程标准等规范性制度
震荡期	隐藏问题暴露，公开讨论、顺畅沟通、改善关系、解决矛盾
凝聚期	形成有力的团队文化、更广泛的授权与更清晰的权责划分
收获期	遇到挑战，提升团队效率解决问题，取得阶段性成功
调整期	对团队进行整顿，明确新阶段的计划、目标，优化团队规范

第三节　创业团队管理

本节导读：

创业团队的管理是继组建创业团队之后，保证创业顺利进行的又一关键环节。创业团队要在制度管理的基础上多一些人性化和情境管理，凝聚每一位团队成员的力量，保证创业团队的稳定性并促进企业的发展。希望学习者可以通过对本节内容的学习，掌握创业团队管理的方法，并能够将其运用到团队的管理中。

一、冲突管理

冲突管理。在团队运作的过程中，经常会碰到团队成员之间发生冲突的情况。冲突是指对同一事物持有不同看法、理解和态度的双方，为获得主动而产生的矛盾、对立。心理学家罗伯尔曾经说过："团队冲突如同一把刀，可以为我们所用也可以把我们割伤，这一切取决于你握住的是刀柄还是刀刃。"这说明团队里的冲突有积极的作用也有消极的作用。冲突的积极作用表现在，有了冲突团队才会做自我检讨，团队中的成员才会自我反省，对自己的失误和欠妥之处进行分析改进，小冲突小改进，大冲突大改进，不断地改进之后，整个团队的目的和行动方案也会得到修正。冲突的消极作用表现在，如果冲突发生后团队的管理者不能快速地采取有效措施对之进行引导，将问题转化为正面的促进力量，而任其发展恶化，则冲突会不断升级，小冲突会演变成大冲突，影响整个团队的和谐和稳定，最终会导致整个团队分裂和瓦解。解决团队中的冲突可以有以下 5 种方法，但在实际中要分不同的情况来采用。

（一）强制方式

团队冲突的双方都采取武断性行为的处理方式，双方都认为达到自己的目的比配合他人更重要，采用强制方式没有不妥，结局只有两种——非此即彼。除非有高于他们的仲裁力量，否则双方都不会服从仲裁。这种方式适用于处理紧急又重要的事情，它能够节省时间和决策的成本，尽快形成结论，以优先保证重要而紧急的工作顺利进行。

（二）回避方式

冲突双方不采取任何行动，期待冲突不了了之。这种方法的优点在于不发生冲突，回避矛盾，个人得益。缺点在于只是暂时避免直接面对冲突，无法主动化解，公司利益受到损害，问题积压且更容易激化矛盾，而且总要解决。这种方式适用于处理不重要也不紧急的工作。这时候，回避的效果是最好的。有些没必要今天去解决的事情可以放到明天或更晚一点，等有时间了再去处理。

(三)迁就方式

团队冲突的双方有一方高度合作,此方更多地关心"人"而不是工作任务,致力于平息和淡化冲突,因而愿意牺牲自己的要求和利益去满足对方;而另一方则更多地只是考虑自己的利益。结果是以牺牲前者的利益换来和平。这种方法的优点是可以小范围内尽快地处理事情,且有助于维护比较好的人际关系。缺点在于存在的问题并没有得到很好的解决,冲突后者可能形成一种行为惯性,不能充分体谅他人和做出让步。迁就是处理冲突的方法中比较忌讳的一种方式。这种方式适用于处理紧急而不重要的事情。迁就往往是先退一步,为的是后进一步。

(四)妥协方式

妥协方式是指发生冲突的双方都做出一定的让步,最终达成一致。这种方式是一种被广泛使用和普遍接受的解决冲突的方法。表面上看是双方都后退了一步,好像是双方都吃了亏,实际上是双方都达成了目标。

(五)合作方式

合作方式是指冲突双方既考虑和维护自己的要求和利益,又充分考虑和维护对方的要求和利益,并通过努力去开诚布公地沟通,最终达成共识。合作是5种冲突处理策略中最好的一种,既满足了自己的愿望,同时也站在对方的立场上为对方的利益考虑。

二、时间管理

时间是世界上最短缺的资源,除非严加管理,否则就会一事无成。在管理团队的过程中,常会发现团队的成员不能合理地安排有限的时间。时间管理是团队成员自我管理中一项十分重要的内容,大凡业绩卓著的人多是具有高效时间管理的人士。新一代的时间管理理论,把时间按其紧迫性和重要性分成A、B、C、D四类,形成时间管理的优先矩阵。紧迫性是指必须立即处理的事情,不能拖延。重要性与目标是息息相关的。有利于实现目标的事情都重要,越有利于实现核心目标,就越重要。有些事情紧迫又重要,如有限期压力的计划;可能有些事情是紧迫但不重要,如有不速之客,或者某些电话;有些事重要,但是不紧迫,如学习新技能、建立人际关系、保持身体健康等;当然有很多事情不重要,又不紧迫,如琐碎的杂事、无聊的谈话等。时间管理优先矩阵,如下图8-1所示。

	紧迫 →	不紧迫
重要 ↓	A 重要 紧迫	B 重要 不紧迫
不重要	C 紧迫 不重要	D 不紧迫 不重要

图 8-1　时间管理优先矩阵

不同类的事情要如何去安排？时间如何加以调整，加以运用？这些事情会让你成为一个什么样的人？有 4 种可以参考。

A.认为每样事情都很重要，很紧迫。应该做的是有条有理地去完成你的工作，你应该学习投资你的对间，去做一个从容不迫的人。B.你千万不要去做那种很紧急但不重要的事，那种叫作没有用的人。C.你总在应付一些杂事，做不重要又不紧迫的事这样会成为懒人。D.注重哪一类事务，你就成为哪一类人。

三、激发团队成员的潜能

（一）信任和尊重团队成员

信任和尊重是人与人相处的基础，也是团队合作的前提。信任滋养着团队，为团队带来勃勃生机。如果团队中失去了相互信任，就像流干了血液的躯体一样，无法完成心中的梦想。每个人都有受人尊重的愿望，都希望有更多的表现自身价值的机会。尊重他人的想法与愿望，同时让更多的人知道自己的价值，这样就会产生一种和谐的正能量，让自己真正成为团队中的一员。

（二）平等对待每个团队成员

团队的每个成员都是为了共同的目标而走到一起来的。在团队里，每个人都扮演着不同的角色，发挥着各自的特长和优势。团队中每个成员从人格上来讲都是平等的，唯一的差别表现在大家分工的不同和职位的不同。

（三）积极沟通，善于倾听

沟通是信息交流的重要手段，它就像一座桥梁，连接着不同的人、不同的文化和不同的理念。团队成员之间的有效沟通是团队管理艺术的精髓，倾听是这个世界上最美的行为。请记住，倾听是一首歌，是团结之歌、友爱之歌、和谐之歌。

(四）善于授权

团队的管理者可以在目标明确的前提下，授予有能力的团队成员一定的权力去做事情，并对最终的结果承担责任。管理者将一部分权力和工作事务分给团队成员，不仅减轻了管理者的工作负担，使管理者能够集中精力做更重要的事，而且团队成员在得到授权后，可以充分发挥自己的才能去做事，这极大地提高了团队的工作效率。但在授权之后要注意监督权力使用的情况，以防止权力被团队成员滥用。

（五）树立标杆

一个团队中的成员综合素质、工作能力等方面会参差不齐。团队的管理者不仅要帮助能力弱、业绩差的"短板"成员来提升整个团队的业绩，更要注重培养工作业绩、学习意识等综合表现突出的团队成员，并把他们作为其他团队成员学习的标杆，在团队中介绍和推广他们的成功经验以带动整个团队的士气。

四、实施绩效考核，坚持赏罚分明

绩效考核是现代组织不可或缺的管理工具之一，它是一种周期性检查与评估团队成员工作表现的管理系统。有效的绩效考核，不仅能确定每位团队成员对组织的贡献或不足，还可以在整体上为组织的人力资源管理提供客观的评估资料，为公平合理地付酬劳给团队成员提供客观依据，从而提升团队成员的工作绩效。

坚持赏罚分明的原则意味着在涉及团队成员的个人利益时要坚持公平、公正和公开的分配原则，该奖赏的要奖赏，该惩罚的要惩罚。创业初期，创业团队的成员大多是同学、朋友等熟人，但是创业团队经过一段时间的运作之后会发现团队的运作并没有想象中的那样顺利，可能会产生有的人不能认同企业的经营理念，有的人想"自立门户"，有的人工作时心不在焉，想逃避责任，有的人做事情根本就不称职等情况。因此，经过一段时间的磨合之后，创业团队都要经过一个痛苦的"洗牌"过程，而对团队成员最严厉的惩罚恐怕就是将他"踢出"这个团队了。这种情况并非团队的创立者希望看到的，很多情况下碍于情面，将某些团队成员"踢出"团队可能更是一种左右为难的选择。事实上，对于最富有经验的职业经理人而言，他们最怕的事情就是解雇员工。请记住，对于创业企业，在创业初期碰到这种问题要有果断换人和"洗牌"的勇气与决心。

> **经典案例**
>
> ## 阿里巴巴合伙人制度——志同道合者
>
> 2010年阿里巴巴内部开始试运行合伙人制度,到2013年在H股上市过程中遇到了巨大阻力。港交所强调,为了保护中小投资者利益,必须坚持"一股一票""同股同权"原则。然而,阿里巴巴的合伙人制度却导致了股东同股不同权,不符合港交所上市原则。双方为此进行了长时间拉锯战。
>
> 这个时间点,马云团队选择了坚持自己的原则。
>
> 蔡崇信给出的理由是:不少优秀的公司在创始人离开后就迅速衰落,但同样也有不少成功的创始人犯下致命的错误。他们最终设定的机制,就是用合伙人取代创始人。道理非常简单——一群志同道合的合伙人,比一两个创始人更有可能把优秀的文化持久地传承、发扬。
>
> 马云团队这一操作闪烁着智慧的光芒。
>
> 1. 经营者不要被资本牵着鼻子走
>
> 对于蔡崇信的这一观点,相信阿里内部是深有感触的。马云之前三次创业失败的经历让他充分认识到经营者掌控对企业话语权的重要性。马云在阿里巴巴的持股比例为7%,是阿里的第三大股东。如果单纯为了上市圈钱,几轮稀释之后马云团队很容易丧失对阿里巴巴经营的控制权。
>
> 2. 合伙人模式解决马云后继无人的问题
>
> 马云跟乔布斯是一类人,他们强大的人格魅力给了各自企业大量的加分,但同时也让企业牢牢地打上了创业者的烙印。这样做有好有坏。今天很多人谈阿里巴巴,但他们根本没有接触过阿里巴巴的B2B业务,也不知道什么是"诚信通"。他们是因为喜欢马云才关注到了阿里巴巴,马云对于他们而言就是中国梦的代表,他也激励着这些创业者。
>
> 但问题也同样突出,就是他们的光芒太盛,他们之后无人能接班。乔布斯去世之后,无论谁接班相对乔布斯而言,看起来都显得平庸。同样,马云退休之后张勇("逍遥子")接班,最感觉气场不符。"逍遥子"给人的感觉是精明有余而魄力不足。因此如果是传统领导者交接班,阿里巴巴的后继者还是让人多少有些担忧。而实际上阿里巴巴并不存在这个问题,因为真正接手马云的不是张勇,而是阿里巴巴30人的核心合伙人团队。

> 这种模式，确实要比让任何一个单一的人接手让人放心得多。合伙人是平等的，他们会摒弃官僚作风和等级制度，而通过合作解决问题。合伙人不仅仅是管理者，同时也是企业的拥有者，有着极强的责任感。合伙人制度通过每年接纳新的合伙人，注入新鲜血液，不断焕发活力。
>
> 3. 合伙人制度强调对企业的控制权，但不是赖着权力不放
>
> 合伙人身份不等同于股东，阿里巴巴合伙人的自身年龄以及在阿里巴巴工作的年限相加等于或超过60年，可申请退休并继续担任阿里巴巴荣誉合伙人，这与只要持有公司股份就能保持股东身份不同。
>
> 在30名合伙人中，除了马云和蔡崇信是永世合伙人之外，其他合伙人都会自然流动。
>
> 合伙人制度，实现了一定程度上的集体领导，有利于公司内部的激励和主动性激发，相对于把公司投票权集中在某几个创始股东手中的双层股权结构，有一定的积极意义，一定程度上在企业内部实现了相对"民主"制进化。
>
> 就现状来看，这也许是一个最好的选择。

第四节　创业团队常见问题与解决方法

本节导读：

不同的创业者在共同的创业愿景鼓舞下，组成了创业团队，为共同目标而努力。但是随着创业的开展，团队成员会在资金筹措、利益分配、管理原则、发展方向上出现许多预料不到的问题，这些问题都可能影响到团队的发展。因此，对团队问题进行解决非常重要。希望学习者可以通过对本节内容的学习，了解创业团队的常见问题，掌握解决常见问题的新方法，并能够培养自己解决问题的能力。

一、创业团队常见的问题

创业团队存在的问题主要从创业理念、素质能力和团队合作3个方面体现,具体情况见表8-2。

表 8-2 创业团队常见的问题

问题类型	问题表现
创业理念	团队成员想法不一,各有所图;团队成员心态不够好,准备不足或信心不足
素质能力	核心领导人的德和才不足以领导整个团队;团队成员能力不足,结构不合理
团队合作	团队缺乏有效的沟通机制,缺少合理的工作程序

二、创业团队常见问题的解决方案

(一)创业理念

在创业理念方面,创业团队经常碰到的具体问题就是团队成员想法不同或心态不好,直接表现为团队班子不稳定、意见不一致等问题。在创业初期,团队成员拥有共同的目标愿景非常重要,通过共同的愿景,团队可以建立共同的事业目标,促进团队成员为目标而努力。但是实际上,创业团队成员往往都有自己的想法和观点,特别是团队中具备领导特质的人有两个或两个以上时,意味着团队存在着不稳定因素。这需要创业团队的所有成员都能非常清醒地认识到自身的优势和劣势,同时,对其他成员的长处和短处也一清二楚,从而对整个团队的现状有清楚的认识。在此基础上,团队可以避免各成员因为互相不熟悉、想法不一致而产生矛盾、纠纷,保证团队的向心力和凝聚力。很多创业团队的成员互相之间非常熟悉、知根知底,而正是因为这份熟悉和信任,帮助他们避免了很多问题,最终获得了成功。

> **经典案例**
>
> **合伙创业,有想法就要及时说出来**
>
> 杨帆和刘明浩在大学时就是好朋友,又同在一个寝室生活了4年,毕业前夕,两人开发了一个小程序,深受年轻人的喜爱,也为他们脱离父母的帮助走向经济

独立创造了条件。

这个小程序的火爆得到了某网络公司的重视。于是该网络公司用 600 万元的高价买下了他们的小程序，并接受杨帆和刘明浩成为公司的合伙人，来进一步完成程序开发工作。

来到高端大气的网络公司工作，杨帆和刘明浩感觉幸运之神真的很眷顾他们。因此二人更加努力地工作，很快就融入了公司的大环境。杨帆和刘明浩与公司其他的同事一起，为公司的未来打拼。可是没过多久，二人便发现了现行项目上的纰漏。

面对这么大的问题，两个初出茅庐的学生有什么资格来评论或者指点？于是杨明浩选择了静观其变，他怕判断失误而遭到其他合伙人的排挤和嘲笑。而杨帆却不这么想，他觉得既然发现了问题，就应该将问题消灭在萌芽时期。如果这个问题属实，尽早发现早日解决最好；若是没有问题，那自然更好。于是杨帆将他和刘明浩一起发现的问题在部门会议上提了出来。

对于杨帆的意见，公司有些元老觉得杨帆多虑了，而且觉得他们资历尚浅没有发言权，但公司总经理非常重视这个问题。经过全员的测试和排查，杨帆说的果然没错，这个问题被消除在了萌芽阶段。

之后杨帆又为公司的研发项目提出了诸多改进意见，经过合伙人讨论认定，大部分都得到了采纳。杨帆在公司的地位有所攀升，而且其能力也得到了大家的认可，同事们都喜欢找他商量方案。

而刘明浩则坚持了自己保守的风格，兢兢业业地做好自己的本职工作，很少与其他同事讨论、创新。渐渐地，刘明浩华光尽失，成为一个平庸的合伙人。

（二）素质能力

现代大型企业往往实行职业经理人聘用制，但是在企业开创之初，一名具备领袖气质的领导人是不可或缺的支柱，他指引着整个创业团队的方向。这个领导人不单单需要具备团队管理能力和市场运作能力，更重要的是需要在团队成员中有着巨大的、无形的影响力，有着一呼百应的气势和号召力。

美国硅谷流传着这样一种说法：由一个哈佛的 MBA 和一个 MIT 博士组成的创业团队，是获得投资人青睐的保证。虽然有些夸大其词，却蕴含着一个道理，一个由研发、技术、市场、融资等各方面人才组成的优势互补团队，是创业成功的一大保障。创业团队建立时，需要考虑的重要问题就是成员之间的知识、资源、能力或者技术的互补，以便充分发挥个人的能力与优势，强化成员间的彼此合作，达到"一加一大于二"的效果。一般来讲，团队成员的知识、能力结构越全面合理，团队创业成功的可能性越大。

（三）团队合作

创业团队往往是一群关系相熟的人基于共同的创业理念发展而来，但是在实际运作当中，往往也会遇到团队结构不合理、沟通不畅做事、或说法不一等情况。如果没有好的制度保证这些隐藏的问题能够得到反馈并解决，那么，这些问题将很有可能经过一段时间的潜伏后爆发，成为团队离心、解散的导火索。另外，团队创业很重要的一个问题就是利益分配，这需要创业开始时，将团队中基本的责、权、利说清楚，尤其是股权、利益分配等原则问题，包括未来可能出现的增资、撤资、扩股、融资、人事安排及解散等事宜。这样企业在经过发展壮大后，才不会出现因为利益纠纷而产生团队矛盾，导致团队解散的情况。

知识拓展

《西游记》取经团队成员角色分析

"团队管理"这一名词是随着工商管理的概念进入中国的，但实际上最早阐述团队理念的是中国，那就是我们早已熟知的《西游记》，这部书本身就是一个团队合作的深刻案例。《西游记》中的师徒4人组成了一个团队，现代管理学认为：一个团队的最佳组成人数为4～25人。看来我们的祖先已经认识到这一点，只是没有总结。那我们来分析一下他们的组织架构：首先他们肯定是一个成功的团队！

唐僧是这个团队的最高领导，是决策层，在企业里面就好比是总经理。他运用自己的强硬管理方式和制度（紧箍咒）来管理团队，并且通过"软权力"和"硬权力"的结合来调动整个团队，从根本上讲，几个徒弟很服从他，佩服他的学识（软权力），因为唐僧是当时著名的高僧，而且是个翻译，按现在衡量高层管理人员的标准，他是同声传译员而且是个工商管理硕士，德高望重，绝对是个优秀的管理者，他领导团队去西天取经，并获得成功。

孙悟空应该是这个团队中的职业经理人，具体一点就是部门经理，他本领高强，到哪里都能混口饭吃,而且此人社会关系和社会资源极其丰富,但性格有点"猴急"。从个人素质上讲,孙悟空是非常优秀的,总经理(唐僧)布置的任务都能高效完成,而且处处留下美名,颇有跨国公司职业经理人的风范。

猪八戒虽然不太受人喜欢,但是作为组织中的小人物,他本人还是有很多优点的,而且在许多方面还在团队中起了不小的作用,比如调节矛盾,运用公共关系的方法来协调众人之间的关系,这都是他对组织的贡献。他本人幽默、可爱,充当着组织润滑剂的角色,所以在组织中功不可没。没有猪八戒的团队是残缺的,而且也是不完美的。用一句话来概括:猪八戒是公司中跨部门沟通的典范!

沙僧自不必说,他朴实无华,工作踏实,从企业的角度讲,他是"广大劳动者",兢兢业业,是劳动的模范。他虽然没有职业经理人的风光与协调关系者的公关本领,但是他所做的工作却是最基础的。在团队中,每个人都应该向他学习,主动挑起自己的责任,努力工作,从而为团队作出自己的贡献。

白龙马更是一个默默无闻的劳动者身份,任劳任怨,主要工作就是唐僧的司机兼座驾,偶尔在关键时刻挺身而出,表现一下。

在认同他们优秀的同时,我们还要认识到他们的缺点,比如,唐僧性格优柔寡断,不明是非;孙悟空个人英雄主义严重,无视组织的纪律和制度;猪八戒悟性较差,贪吃、好色;沙僧缺乏主见,工作欠灵活等。这些都是我们应该注意的,只有了解自己的缺点,我们才能将工作做好。

实践训练

模拟组建创业团队

◆ **实践目的**

1. 了解什么是创业团队。
2. 掌握组建创业团队的步骤。

◆ **实践流程**

1. 填写团队成员信息表

分小组,模拟组建创业团队,在表 8-3 中记录下对应信息。

表 8-3 团队成员信息表

职务	姓名	联系方式
首席执行官		
营销总监		
财务总监		
采购总监		
信息总监		

2.细化岗位职责

小组成员通过查阅资料且互相讨论，分析每个岗位的具体职责，填入表 8-4 中。

表 8-4 每个岗位的具体职责

职务	岗位职责
首席执行官	（1） （2） （3） （4） （5） （6） （7）
营销总监	（1） （2） （3） （4） （5） （6） （7）
财务总监	（1） （2） （3） （4） （5） （6） （7）

续表

职务	岗位职责
采购总监	（1） （2） （3） （4） （5） （6） （7）
信息总监	（1） （2） （3） （4） （5） （6） （7）

注：组建创业团队时，一般是每组5~8人，根据人数的不同，也可以增加以下角色：

（1）首席执行官助理：帮助首席执行官处理各种琐事及客户沟通工作。

（2）财务助理：协助财务总监做好财务工作。

（3）商业信息员：负责调查其他企业的广告投放、企业战略、生产能力以及盈利情况等信息，为本企业决策提供有力支持。

3.团队氛围营造

确定了团队的主要成员后，成员之间能否建立融洽的关系，也影响到企业的发展与成长，那么，可以参考表8-5"六顶思考帽子"方法，避免群体思考陷入混乱，并确保从一开始就使误解最小化。

表8-5 "六顶思考帽子"方法

帽子颜色	用途	范例
白色（事实）	关注中性信息	民以食为天
红色（情感与感觉）	表达预感和直觉	我感到很生气，因为我们失去了很多客户
黑色（否定）	评估思想或情形的不妥之处	这个建议不会起任何作用
黄色（肯定）	评估思想或情形的有利之处	这是个好主意
绿色（创造力）	产生思想	你可以尝试换个角度
蓝色（控制）	正如管弦乐队中的指挥一样——控制帽子的使用	现在我们需要戴上黄色帽子思考

在使用这一方法的时候,应该允许每个人每次集中思考问题的一个方面,同时也应让团队中的每个人能够在思考中转变角色。通过阅读"六顶思考帽子"方法,以小组为单位,思考:当团队成员之间发生一些矛盾或是冲突时,你作为团队的领导者应该如何去做呢?

4.实践思考

假设你作为创业者,该如何利用自身有效的资源去组建创业团队呢?

思考与练习

1. 创业团队的组成要素有哪些?
2. 优秀创业团队的特征有哪些?
3. 简述组建团队的程序。
4. 简述该如何管理创业团队。
5. 创业团队常见问题有哪些?该如何采取有效的策略解决这些问题?

第九章
新企业的创办与管理

学习目标

知识目标：

通过对本章的学习，了解新企业的组织形式，了解新企业选址的重要性，掌握新企业选址的方法，了解创办新企业应做好哪些准备，熟悉公司的注册登记流程，了解人力资源管理的活动有哪些，熟悉常见的营销策略，并能对营销策略进行创新。

思政目标：

1.通过对企业注册登记流程的了解，明白做任何事情都要遵循一定的规律、顺序，不能违反规律行事。

2.通过对新企业必须考虑的法律问题的了解，明白做任何事都要遵循法律法规，不能违背国家的意志。

创业者在选定了创业项目、明确了创业计划、筹集到了足够的创业资源后，还需要依托一定的组织形式，才能进行创业实践，这个组织形式就是企业。建立一家企业并管理好企业是创业者创业成功的基础，也是所有创业者的必修课。

▶ 第一节 企业的组织形式 ◀

本节导读：

创业者决心投入创业行列时，需要考虑采取何种创业方式，是独创，还是合伙。为此，要将自己的经营能力、可动用经营资源与可能的创业方式做一番慎重评估，再做出决定。希望学习者可以通过对本节内容的学习，了解企业的组织形式都有哪些，并能够选择符合自己现实创业情况的组织形式。

一、个体工商户

个体工商户是指生产资料归劳动者个人所有，以自己个人的劳动为基础，劳动成果由劳动者个人占有和支配的市场经营主体。

（一）个体工商户的特征

个体工商户是个体工商业经济在法律上的表现，其具有以下特征：

（1）个体工商户是从事工商业经营的自然人。自然人或以个人为单位，或以家庭为单位从事工商业经营，均为个体工商户。根据法律有关政策，可以申请个体工商户经营的主要是城镇待业青年、社会闲散人员和农村村民。国家机关干部、企事业单位职工，不能申请从事个体工商业经营。

（2）自然人从事个体工商业经营必须依法核准登记。个体工商户的登记机关是县以上工商行政管理机关。个体工商户经核准登记，取得营业执照后，才可以开始经营。个体工商户转业、合并、变更登记事项或歇业，也应办理登记手续。

（3）个体工商户只能经营法律、政策允许个体工商户经营的行业。

（二）设立个人独资企业的条件

（1）申请人是有经营能力的城镇待业人员、农村村民以及国家政策允许的其他人员；

（2）申请人必须具备与经营项目相应的资金、经营场地、经营能力及业务技术。

二、个人独资企业

个人独资企业是指依照《个人独资企业法》在中国境内设立，由一个自然人投资，财产为投资人个人所有，投资人以其个人财产对企业债务承担无限责任的经营实体。

（一）个人独资企业的特征

（1）个人独资企业由一个自然人投资设立。

（2）个人独资企业是一个企业实体，其设立需要符合法律所规定的场所、资金、人员等方面的条件。

（3）个人独资企业投资人的个人财产与企业财产不分离，投资人以其个人财产对企业债务承担无限责任。

（4）个人独资企业是非法人企业。

（5）个人独资企业的出资人可以自行管理企业事务，也可以委托或聘用其他具有民事行为能力的人负责企业事务的管理。

（6）个人独资企业一般规模较小，设立条件较宽松，设立程序较简单，进入或者退出市场也较灵活。

（二）设立个人独资企业的条件

设立个人独资企业，应当具备下列条件：

（1）投资人为一个自然人；

（2）有合法的企业名称；

（3）有投资人申报的出资；

（4）有固定的生产经营场所和必要的生产经营条件；

（5）有必要的从业人员。

三、合伙企业

合伙企业是指自然人、法人和其他组织依照《合伙企业法》在中国境内设立的普通合伙企业和有限合伙企业。其中，普通合伙企业由普通合伙人组成，合伙人对合伙企业债务承担无限连带责任；有限合伙企业由普通合伙人和有限合伙人组成，普通合伙人对合伙企业债务承担无限连带责任，有限合伙人以其认缴的出资额为限对合伙企业债务承担责任。

（一）合伙企业的特征

（1）合伙企业的设立主体包括自然人、法人和其他组织。

（2）合伙人承担连带责任，即所有的合伙人对合伙企业的债务都有责任向债权人偿还，不管自己在合伙企业协议中所承担的比例如何。

（3）合伙人承担无限责任，即所有的合伙人不以自己投入的合伙企业的资金和合伙企业所有的全部资金为限，而以合伙人自己所有的财产对债权人承担清偿责任。

（4）合伙企业必须有合伙协议，合伙协议依法由全体合伙人协商一致、以书面形式呈现。

（二）设立合伙企业的条件

设立合伙企业，应当具备下列条件：

（1）有两个以上合伙人，合伙人为自然人的，应当具有完全民事行为能力；

（2）有书面合伙协议；

（3）有合伙人认缴或者实际缴付的出资；

（4）有合伙企业的名称和生产经营场所；

（5）法律、行政法规规定的其他条件。

四、公司制企业

公司制企业简称公司，我国公司法所指的公司是指在中国境内设立的有限责任公司和股份有限公司。

（一）有限责任公司

有限责任公司是指两个以上股东共同出资，股东以其出资额为限对公司承担责任，公司以其全部资产对公司的债务承担责任的企业法人。这种公司本质上是一种资合公司，但与股份公司相比也有人合公司因素。

1. 有限责任公司的特征

（1）有限责任公司是企业法人，有独立的法人财产，享有法人财产权。

（2）限定的股东人数，有限责任公司的股东人数为50人以下。

（3）有限责任公司以其全部财产对公司债务承担责任。

（4）有限责任公司的股东以其认缴的出资额为限对公司承担责任。

（5）有限责任公司股东共同制订公司章程。

2. 设立有限责任公司的条件

设立有限责任公司，应当具备下列条件：

（1）股东符合法定人数；

（2）有符合公司章程规定的全体股东认缴的出资额；

（3）股东共同制定公司章程；

（4）有公司名称，建立符合有限责任公司要求的组织机构；

（5）有公司住所。

知识拓展

有限责任公司的优势与劣势

1. 优势

（1）有限责任。由于拥有法人资格，天大的责任由法人承担，股东个人承担的责任仅仅以所出的股本为限，其他个人资产不受牵连，降低了个人投资风险。

（2）运行稳定。注册有限责任公司时，要求拥有完善的管理和财务制度，同时，股东入股后不得抽回资金，这就在法律上保证了充裕的资金和健全的运行机制，不会因为个别股东的变故而使企业产生动荡。

2. 劣势

（1）注册手续较复杂、费用高。注册有限责任公司必须经过严格审查，费用比较高，主要是获取相关的注册文件和验资费用。

（2）税收较高。既要缴纳企业所得税，又要缴纳个人所得税。

（3）不能撤回资金，转让困难。股东一旦出资就不能撤回资金，股东只能享受收益，不能随便转让股本。

（4）信贷信誉不高，发展空间有限。

（二）股份有限公司

股份有限公司是指公司全部资本分为等额股份，股东以所持股份为限对公司负有责任，公司以其全部资产对公司的债务承担责任的企业法人。

1. 股份有限公司的特征

（1）股份有限公司是企业法人，有独立的法人财产，享有法人财产权。

（2）限定发起人人数，股份有限公司的发起人应当有2人以上200人以下。

（3）股份有限公司以其全部资产对公司债务承担责任。

（4）股份有限公司的股东以其认购的股份为限对公司承担责任。

（5）股份有限公司股东共同制订公司章程。

（6）股份有限公司的设立可以采取发起设立或者募集设立的方式。

2. 设立股份有限公司的条件

设立股份有限公司，应当具备下列条件：

（1）发起人符合法定人数；

（2）有符合公司章程规定的全体发起人认购的股本总额或者募集的实收股本总额；

（3）股份发行、筹办事项符合法律规定；

（4）发起人制订公司章程，采用募集方式设立的经创立大会通过；

（5）有公司名称，建立符合股份有限公司要求的组织机构；

（6）有公司住所。

> **经典案例**
>
> **组建企业**
>
> 小林是一名刚毕业的大学生，拥有一项计算机软件专利，现在他正计划开办一家计算机企业。
>
> 小林认真分析了他有可能采用的各种企业形式的优缺点。他倾向于创办一家个人独资企业，因为他喜欢自己做老板，可以拥有完全的经营决策权，并且利润全部归自己。但是个人独资企业经营风险较大，计算机行业竞争很激烈，万一经营失败，还要承担无限责任。
>
> 小林的大学同学小张愿意出资5万元与小林成立合伙企业。小林觉得合伙企业也不错，合伙人的加入可以使他们有更多的钱开一家更大的企业，分担经

营风险,但是合伙企业的经营决策必须与小张共同做出,利润也需要按照合伙协议分配。

有一家风投公司认为小林的项目很有潜力,提出愿意出资与其成立有限责任公司,小林可以以技术入股,占30%的股份。小林觉得这样的话,风险相对较小,筹到的资金会更多,但是有限责任公司设立的程序比较复杂,创办费用较高,而且法律法规对有限责任公司的要求较为严格,并且自己的股份仅占30%,在公司的一些重大经营决策上受其他股东制约。

每种企业组织形式都有它的优点和缺点,在选择企业组织形式时一定要全面考虑好自己的情况才行。

▶ 第二节 创办企业的准备 ◀

本节导读:

创办企业,对于创业者来说是人生的重大决定。因此,在创办企业前,创业者应该做好准备,如果没有做好创办企业的准备,贸然创办企业会给创业者带来沉重负担,甚至造成企业经营不下去而导致创业失败。希望学习者可以通过对本节内容的学习,了解创业前都应做好哪些准备,并能够明白做好准备,做事成功的概率也会跟着大大提升。

一、新企业的选址

企业选址是指企业在开业之前对经营地址进行论证和决策的过程。创业者要充分认识到企业选址对企业经营发展的重要性,对影响企业选址的诸多因素进行科学分析,掌握企业选址的策略和技巧。

（一）新企业选址的重要性

新企业在创建、生存与发展过程中，除了企业的目标定位、团队管理和市场运营等因素外，选址是关系到新企业成败的重要环节，直接关系到新企业发展目标的实现。

1. 选址是企业一项长期的发展投资

对于新企业来讲，生产经营活动需要地址、人、财、物、信息、技术等元素，其中地址作为重要元素具有长期性与稳定性的特点。选址对新企业设施配备、生产经营产品或服务的成本及管理费用等都有着长期影响。当企业外部环境发生变化时，如企业产品或服务的消费群体、生产经营的商业环境等发生变化，创业者为适应变化的市场环境，迅速做出反应，可及时调整产品或服务的种类与价格等众多经营因素，而企业生产经营场所的变动则很难。

2. 选址决定企业的成败

新企业选择的地址科学合理，在与其他企业竞争时就占据"地利"的优势。在同行企业之间，企业即使经营水平一般，但选择正确的经营地点也容易使其取得成功。

选址正确，将使企业获得良好的经济效益，也将极大地影响企业的生产经营成本和未来企业的发展与规模扩充。

3. 选址对实现企业经营目标和经营战略影响重大

好的经营地址是稀缺资源，意味着企业将获得较高的营业额与利润。如果选址不当，企业的经营目标与经营战略便无法实现。那些劳动力或原材料成本较低的地方，一般被采取低成本经营战略的企业所选择；那些交通便利、地区或社区发展状况及未来发展规划较好的地方，一般被为消费者提供快捷服务的企业所选择。

4. 选址对提升企业竞争力意义深远

新企业的竞争力具有复杂性与多层次性，企业地址所在地区的商业环境质量深刻地影响着新企业的持续竞争力，即企业所在地区的交通运输基础设施能否满足企业正常有效运营，社区文化与社会治安等能否助推企业竞争力的增强等。

（二）影响新企业选址的因素

创业者选择新企业经营地址时，需考虑政治因素、经济因素、技术因素、社会文化因素、自然因素、人口因素等，其中经济因素和技术因素对选址决策起着基础作用。

1. 政治因素

选择新企业地址时，创业者应重视对政府在市场发展、产业发展等方面相关规定的研究。研究政府已经出台的法律法规对新企业产品或服务、销售价格和营销策略等产生的影响，可使新企业经营管理合法化；研究政府在不同时期发展产业的重点和优惠政策，可将新企业建在政府支持该产业的地区，使新企业抢占市场先机。

2. 经济因素

经济因素决定了新企业预选地区的购买力，一般反映在该地区消费者的银行存款、收入水平、家庭总收入等指标上，这些数据与该地区是否繁荣有密切关系。创业者还应注意考察新企业预选地区的商业环境，是否形成了具有竞争力的企业集群，新企业地址选择在与自身产品或服务相关联企业和相关联机构相对集中的地区是比较容易获得成功的。

3. 技术因素 以科技研发与生产为方向的高科技新企业在选址时，创业者可考虑将新企业建在某地区与社区的技术研发中心附近，或建在新技术信息快速传递的地区。创业者可及时了解与掌握国内外新技术发展变化的新规律、新特点和新趋势，避免技术本身进步的难以预测性和技术市场变化的不确定性给高科技新企业带来的不利影响。

4. 社会文化因素

选择新企业地址时，创业者应考虑新企业地址所在城市的影响力、所在地区的社区文化与商业文化；分析新企业产品或服务目标消费群体的文化品位与消费心理。不同文化背景的消费者，由于生活态度与价值取向的差异，导致他们对健康、营养、安全与环境等的关注程度不同，会直接影响新企业产品或服务的市场需求与市场拓展。

5. 自然因素

创业者应该关注所选地址的地质状况、水资源的可用性、气候变化等自然因素是否符合新企业生产与经营的客观需要。同时，应考虑地理环境对选址是否有利：一是交通便利与畅通的程度，交通条件便利与否对新企业的营销有很大影响；二是所选地址周围的卫生与硬件设施情况及繁华程度，若新企业地址选在卫生环境好且位于车站附近、商业区或人口密度高的地区或同一行业集中的地区，将具有较大的优势。

6. 人口因素

创业者应该对可能成为新企业消费者的消费群体有所了解。要重点了解该地区的人口结构、人口数量和人口稳定状况，以及消费者的职业与收入状况；还要了解消费者的购买习惯、消费能力等情况。人口因素往往反映该地区的市场需求及市场容量。例如，要开一家音像店，创业者就要了解该地区是否青少年居多，因为该群体购买音像制品的数量最多。

> **经典案例**
>
> **产品的价格取决于环境**
>
> 孙小茜 2007 年从东华大学毕业后，在网上看到了郎咸平教授的一次演讲，她说，她在大陆和台湾的两所大学里分别做了一个有关"大学毕业后干什么"的调查。大陆的名牌大学毕业生大多都填"我要当 CEO"，而在台湾，大学毕业生大都填"我要开咖啡馆"。于是她便在亲友的协助下，在上海佳木斯路上一个幽静的地段开了一家两层共计 60 多个座位的咖啡馆，环境优雅舒适，很有品位和格调。
>
> 但是，过了一段时间，她发现她的咖啡就算 18 元一杯，顾客都嫌贵而很少有人光临，而在徐家汇，48 元两杯同样的咖啡却招徕了不少顾客。后来她才发现，是她咖啡馆所处的地区消费能力不行，而且周边的社区以上海本地居民居多。在家的大多是退休的老人，而工作的人又无暇光顾，回到家已是晚上了。因为地段不好，而价格提不上去，所以效益也一般。
>
> 最后，她把咖啡馆承包给一对夫妇，自己应聘到了一家室内设计公司，回到了自己大学所学的专业上。咖啡馆在这对夫妇的经营下，已经变成棋牌室了。

（三）新企业选址的策略和技巧

科学而行之有效的选址对新企业的成长至关重要，因此，创业者必须掌握新企业选址的策略和技巧。具体应注意以下几个方面。

1. 在收集与研究市场信息的基础上选址

市场信息对新企业选址的影响是不可忽视的，决定着创业者能否正确地做出选址决策。依据影响企业选址的各种因素，创业者可自己或借助中介机构收集市场信息，并对收集的多方面市场信息进行定性与定量的科学分析，在此基础上进行科学选址。

2. 在考察与评估备选地址的基础上选址

创业者要对多个备选地址进行实地考察，并采用科学的定量分析的方法对备选地址进行考察与评估。经过对备选地址的实地考察与定量分析，按照新企业"必需的"和"希望的"选址条件，对备选地址进行详细的比较分析后，选择出最佳地址。

3. 在咨询与听取多方建议的基础上选址

创业者经过咨询有经验的企业家或相关人士，把新企业选址的备选方案与最佳地址呈现出来，听取他们的意见与建议，获得有益的帮助并综合分析各种信息、意见与建议，制定详细的备选地址优势与劣势对比表，按照新企业所进入的行业特点与新企业的市场定位等特征，综合运用选址的评估方法，最终做出正确的选址决策。

二、新企业必须考虑的法律问题

新企业创建时，创业者必须熟悉和掌握与新企业相关的法律知识，如知识产权法、劳动法、合同法、反不正当竞争法、产品质量法等。法律法规不仅对新企业具有约束作用，而且会给新企业的运营与发展以法律保护。遵纪守法的企业将赢得消费者的信任、供应商的合作、员工的信赖和政府的支持，甚至赢得竞争对手的尊重，也将为企业营造一个良好的生存发展空间。

（一）知识产权法

知识产权是指人们对自己创造性的智力劳动成果所享有的民事权利，如著作权、专利权、商标专用权等。知识产权法是调整知识产权的获取、利用和保护所涉及的社会关系的法律规范的总称。

1. 著作权与著作权法

著作权也称版权，是指作者对其创作的文学艺术和科学作品依法享有的权利。著作权包括发表权、署名权、修改权、保护作品完整权、复制权、发行权、出租权、展览权、表演权、放映权、广播权、信息网络传播权、摄制权、改编权、翻译权、汇编权及应当由著作权人享有的其他权利17项。著作权法是调整文学、艺术和科学技术领域作品而产生的各种社会关系的法律规范总和。

2. 专利权与专利法

专利权是权利人对其获得专利发明创造（发明、实用新型和外观设计），在法定期限内所享有的独占权或专有权。

专利法是调整因发明创造的产生而引起的发明人与使用发明的人之间、发明人与其所属单位之间、发明人与发明人之间，在支配和使用该发明创造的问题上所产生的各种社会关系的行为规范，其实质是依照法律确认和保护发明创造的产权。我国专利的类型有发明专利、实用新型专利和外观设计专利。

3. 商标专用权与商标法

商标是用以区别商品和服务不同来源的商业性标志，由文字、图形、字母、数字、三维标志、颜色组合、声音或者上述要素的组合构成。商标专用权是指商标权人对其注册商标在核定使用的商品或服务上进行使用的权利。商标注册人拥有依法支配其注册商标并禁止他人侵害的权利，包括商标注册人对其注册商标的排他使用权、收益权、处分权、续展权和禁止他人侵害的权利。

> **经典案例**
>
> ### "喜茶"商标遭仿冒
>
> 美西公司旗下的"喜茶"品牌是我国较具影响力的茶饮料品牌，在特调茶饮服务和商品领域具有较高的知名度及广泛的消费者基础。美西公司旗下的"喜茶""HEEKCAA"以及图形等商业标识已申请商标注册并获准，现均处于有效期内。
>
> 2018年，美西公司发现一茶馆未经许可，在其经营场所内的店招、墙饰、茶杯、宣传单等部位大规模使用与美西公司注册商标相同的"喜茶""HEEKCAA"以及图形商标等标识，严重侵犯了美西公司的注册商标专用权。
>
> 2019年1月8日，美西公司向梧州市工商行政管理部门投诉，经该部门调查，发现茶馆经营的"港座喜茶"餐饮品牌属于某公司的特许经营运营项目。美西公司遂将该公司、茶馆的经营者陈某一并告上法庭，要求立即停止侵权，并分别赔偿300万元及100万元。

商标法是调整企业在商标注册与使用中出现的各种问题的行为规范。商标法规定，自然人、法人或者其他组织在生产经营活动中，对其商品或者服务需要取得商标专用权的，应当向商标局申请商标注册。法律、行政法规规定必须使用注册商标的商品，必须申请商标注册，未经核准注册的，不得在市场上销售。注册商标的有效期为10年，自核准注册之日起计算。注册商标有效期满，需要继续使用的，商标注册人应当在期满前12个月内按照规定办理续展手续；在此期间未能办理的，可以给予6个月的宽展期。每次续展注册的有效期为10年，自该商标上一届有效期满次日起计算。期满未办理续展手续的，注销其注册商标。

> **知识拓展**
>
> ### 不得作为商标使用与注册的标志
>
> 下列标志不得作为商标使用：
>
> （1）同中华人民共和国的国家名称、国旗、国徽、国歌、军旗、军徽、军歌、

勋章等相同或者近似的,以及同中央国家机关的名称、标志、所在地特定地点的名称或者标志性建筑物的名称、图形相同的;

(2)同外国的国家名称、国旗、国徽、军旗等相同或者近似的,但经该国政府同意的除外;

(3)同政府间国际组织的名称、旗帜、徽记等相同或者近似的,但经该组织同意或者不易误导公众的除外;

(4)与表明实施控制、予以保证的官方标志、检验印记相同或者近似的,但经授权的除外;

(5)同"红十字""红新月"的名称、标志相同或者近似的;

(6)带有民族歧视性的;

(7)带有欺骗性,容易使公众对商品的质量等特点或者产地产生误认的;

(8)有害于社会主义道德风尚或者有其他不良影响的。

县级以上行政区划的地名或者公众知晓的外国地名,不得作为商标。但是,地名具有其他含义或者作为集体商标、证明商标组成部分的除外;已经注册的使用地名的商标继续有效。

下列标志不得作为商标注册:

(1)仅有本商品的通用名称、图形、型号的;

(2)仅直接表示商品的质量、主要原料、功能、用途、重量、数量及其特点的;

(3)其他缺乏显著特征的。

以三维标志申请注册商标的,仅由商品自身的性质产生的形状、为获得技术效果而需有的商品形状或者使商品具有实质性价值的形状,不得注册。

(二)劳动法

劳动法是为了完善劳动合同制度,明确劳动合同双方当事人的权利和义务,保护劳动者的合法权益,构建和发展和谐稳定的劳动关系而制定的法律。依法规范新企业与员工之间的劳动关系,对于调动员工积极性、确保新企业创业成功具有重要意义。

2013年7月1日起施行的最新劳动法对劳动合同的订立、劳动合同的履行和变更、劳动合同的解除和终止等内容做了规定。用人单位招用劳动者时,应当如实告知劳动者工作内容、工作条件、工作地点、职业危害、安全生产状况、劳动报酬,以及劳动者要求了解的其他情况；用人单位有权了解劳动者与劳动合同直接相关的基本情况，劳动者应当如实说明。劳动合同应当具备以下条款：

（1）用人单位的名称、住所和法定代表人或者主要负责人；

（2）劳动者的姓名、住址和居民身份证或者其他有效身份证件号码；

（3）劳动合同期限；

（4）工作内容和工作地点；

（5）工作时间和休息休假；

（6）劳动报酬；

（7）社会保险；

（8）劳动保护、劳动条件和职业危害防护；

（9）法律、法规规定应当纳入劳动合同的其他事项。

劳动合同除以上必备条款外，用人单位与劳动者可以约定试用期、培训、保守秘密、补充保险和福利待遇等其他事项。

（三）合同法

合同法是国家制定的调整平等主体之间合同关系的法律规范的总和。创业者学习合同法，有利于防止新企业盲目签约，防止与无签约资格、无履约能力或不讲信用的当事人签约；有利于确保合同内容的合法性与条款完整性；有利于新企业获得解决合同纠纷的主动权。

我国合同法对合同订立的主体资格与程序，合同效力的确认，合同履行与保全措施，合同的变更、转让与终止，合同违约责任与缔约过错责任，合同争议解决的途径等作了规定。创业者应组织管理人员学习合同法，对企业合同进行登记和归档，对合同的签订与履约进行监督与检查。

（四）反不正当竞争法

不正当竞争是指经营者违反本法规定，损害其他经营者的合法权益，扰乱社会经济秩序的行为。反不正当竞争法是禁止以违反诚实信用原则或其他公认的商业道德的手段从事市场竞争行为来维护公平竞争秩序的一类法律规范的总称。

我国反不正当竞争法规定了以下11种不正当竞争行为的具体表现形式。

（1）假冒他人的注册商标：擅自使用知名商品特有的名称、包装、装潢，或者使用与知名商品近似的名称、包装、装潢，造成和他人的知名商品相混淆，使购买者误认为是该知名商品；擅自使用他人的企业名称或者姓名，引人误认为是他人的商品；

在商品上伪造或者冒用认证标志、名优标志等质量标志，伪造产地，对商品质量作引人误解的虚假宣传。

（2）公用企业或者其他依法具有独占地位的经营者限定他人购买其指定的经营者的商品，以排挤其他经营者的公平竞争。

（3）政府及其所属部门滥用行政权力，限定他人购买其指定的经营者的商品，限制其他经营者正当的经营活动。

（4）经营者采用财物或者其他手段进行贿赂以销售或者购买商品。

（5）经营者利用广告或者其他方法，对商品的质量、制作成分、性能、用途、生产者、有效期限、产地等作引人误解的虚假宣传。

（6）通过不正当手段，违法获取、披露、使用或者允许他人使用其所掌握的商业秘密。

（7）以排挤竞争对手为目的，以低于成本的价格销售商品。

（8）销售商品时违背购买者的意愿搭售商品或者附加其他不合理的条件。

（9）采用谎称有奖或者故意让内定人员中奖的欺骗方式进行有奖销售，利用有奖销售的手段推销质次价高的商品；抽奖式的有奖销售，最高奖的金额超过5000元。

（10）捏造、散布虚伪事实，损害竞争对手的商业信誉、商品声誉。

（11）投标者串通投标，抬高标价或者压低标价。投标者和招标者相互勾结，以排挤竞争对手的公平竞争。

（五）产品质量法

产品质量法是调整在生产、流通及监督管理过程中，因产品质量而发生的各种经济关系的法律规范的总称。其立法目的是加强对产品质量的监督管理，提高产品质量水平，明确维护产品质量责任，保护消费者的合法权益，维护社会经济秩序。

三、新企业必须考虑的伦理问题

管理学意义上的伦理一般也称为商业伦理，是指组织处理与外界关系、处理组织内部成员之间权利和义务的规则，以及在决策过程中所体现的人与人之间的关系和所应用的价值观念。

（一）企业伦理的作用

新企业用企业伦理规范企业内部员工之间、企业与社会之间、企业与环境之间的关系，将企业定位在追求经济效益和推动社会进步与和谐发展上，只有自觉维护广大消费者的权益、赢得社会公众对企业的信任，企业才能谋求自身的长远发展。

相反，新企业违反国家法律法规、无视企业伦理准则、不兼顾企业伦理与企业生存，不仅会给消费者和社会带来巨大危害，影响社会伦理风气，而且会极大地影响企业的声誉，甚至使企业陷入严重的危机之中。

（二）新企业基于创建与经营应注意的伦理问题

新企业应注意的伦理问题包括创业者与原雇主之间、创业者与创业团队之间、创业者与其他利益相关者之间的伦理问题。

1. 创业者与原雇主之间的伦理问题

创业者在创建新企业之前，在原雇主的企业当雇员，是原雇主企业经营管理团队中的一名成员。作为雇员身份的创业者随着创办企业愿望的驱动，以及自身成为创业者素质与能力的不断提升，加之在日常企业经营中，创业者对原雇主企业所在行业产业特点的了解和掌握，产品营销、经营人脉等各种资源的不断积累，出于某种动机，开始创办新企业。

如抢夺原雇主的供应商、带走原雇主团队成员、占用原雇主的营销渠道、借用原雇主企业的名义进行各种宣传等。这些行为都是不道德的，而且有悖商业伦理，情节严重的，会因其行为违背相关法律法规和市场经济规则而受到惩罚。

2. 创业者与创业团队之间的伦理问题

新企业创业团队建设的目的在于成功地创办新企业，团队成员由为了共同目的、共享创业收益和共担创业风险的一群人组成，团队成员在团队成立初期往往处在新企业高层管理的位置上，会对企业重大问题决策产生影响，甚至会关系到企业的生存。

此时，创业者与团队成员之间常会出现的伦理问题有：创业者不尊重创业团队成员的合法劳动、延迟发放或克扣团队成员的工资、随意延长团队成员工作时间且无报酬、不主动为团队成员办理社会保险等。以上问题的出现，有新企业因某种原因陷入困境的可能，更是创业者为片面追求企业的商业利益而牺牲道德价值观所致。

3. 创业者与其他利益相关者之间的伦理问题

其他利益相关者是指与新企业经营管理有直接或间接利益关系的组织或个体，如银行、供应商、投资商、企业员工、消费者、社区和政府等。新企业在创建过程中，与各种利益相关者形成相互连带关系，常出现的伦理问题有：不按时偿付供应商或其他债权人的款项、不能维护员工合法权益、内部交易、有意识传播企业虚假信息、偷税漏税、串通竞标、破坏社区生态环境等。以上问题不仅损害他人利益，而且也违背企业竞争的公平原则。

▶ 第三节　企业注册登记流程 ◀

本节导读：
　　企业注册是指创业者根据国家法律法规的相关规定获得合法经营手续的行为。为规范企业行为，保护企业及股东的合法权益，维护社会经济秩序，促进社会主义市场经济发展，新企业必须经国家登记机关依法登记，领取营业执照。希望学习者可以通过对本节内容的学习，了解企业注册登记流程，并能够遵循流程办理企业注册登记。

一、新企业名称核准

　　新企业名称通常是生产某类产品或提供某类服务的企业的专有名称，是用文字形式表示的一个企业区别于其他企业或组织的特定标志。

（一）企业名称的构成

　　企业名称一般由字号（商号）、所属行业（经营特点）、组织形式三部分组成，前面可以加上所在地区行政区域名称。如"北京××科技发展有限公司""上海××文化发展中心""北京××食品厂"等。

　　1. 行政区划

　　行政区划是指本企业所在地县级以上的行政区域的名称或地名。

　　2. 字号

　　企业名称中的字号应当由两个以上的汉字组成，行政区域名称不得用作字号，但县以上行政区域地名具有其他含义的除外。此外，也可以使用自然人投资人的姓名作字号。

　　作为企业标识，它储存着企业资信及其产品的市场竞争力等信息，这就使其成为商誉的载体而具有财产价值。例如，家喻户晓的"可口可乐"，其商誉已值334亿美元。早在1967年，可口可乐公司就宣称，即使公司一夜之间化为灰烬，照样可以起死回生，因为凭商誉，立即就会有大银行找上门来给其贷款，这就是著名字号所独有的魅力。

3. 行业

企业名称中的行业表述应当是反映企业经济活动性质所属国民经济行业或者企业经营特点的用语。名称中的行业特点应与主营行业相一致。企业经营活动性质分别属于国民经济行业不同大类的，应当选择主要经济活动性质所属的国民经济行业类别来表述企业名称中的行业。

4. 组织形式

依据《中华人民共和国公司法》《中华人民共和国中外合资经营企业法》《中华人民共和国中外合作经营企业法》《中华人民共和国外资企业法》申请登记的企业名称，其组织形式为有限公司（有限责任公司）或者股份有限公司；依据其他法律、法规申请登记的企业名称（如合伙企业、个人独资企业等），组织形式不得申请为有限公司（有限责任公司）或股份有限公司，非公司制企业可以申请用"厂""店""部"等作为企业名称的组织形式。

（二）新企业名称核准的流程

设立公司应当申请名称预先核准。申请名称预先核准，应当提交下列文件：有限责任公司的全体股东或者股份有限公司的全体发起人签署的公司名称预先核准申请书；全体股东或者发起人指定代表或者共同委托代理人的证明；国家市场监督管理总局规定要求提交的其他文件。

企业名称核准后，企业名称要遵照《企业名称登记管理规定》和《企业名称登记管理规定实施办法》，到市场监督管理部门申请注册，非经市场监督管理机关核准的企业名称不受法律保护。国家市场监督管理总局和地方各级市场监督管理局是企业名称的登记管理机关，登记主管机关依照《中华人民共和国企业法人登记管理条例》，对企业名称实行分级登记管理。凡使用"中国""中华""国家""全国""国际"，或者不冠以企业所在地行政区划名称的企业名称，须经国家市场监督管理总局核准。外商投资企业的名称由国家市场监督管理总局核定。

经典案例

"一带一路"企业名称注册登记不予核准案

基本案情：2017年6月15日，成都某公司委托其法定代表人唐某向天府新区成都片区工商行政管理局提交"企业名称预先核准申请书"等申请材料，申请注册"四川省一带一路贸易发展有限公司"。天府新区成都片区工商行政管理局初审合格后将申请材料通过内网报送四川省工商行政管理局（以下简称"省工商局"）。省工商局于2017年6月19日向唐某作出52号通知书，内容为"唐某：你提交的四川省一带一路贸易发展有限公司企业名称预先核准申请，我局决定不予核准。不予核准理由如下：根据《企业名称登记管理规定》（以下简称《规定》）第九条'企业名称不得含有下列内容和文字：……（二）可能对公众造成欺骗或者误解的'，'一带一路'不宜用作企业字号"。收到不予核准登记通知后，唐某不服，以省工商局为被告提起行政诉讼。

  裁判结果："成都市中级人民法院认为，被告省工商局作出的52号通知书认定事实清楚、证据充分，适用法律正确，程序合法。原告的起诉主张不能成立，本院不予支持。遂判决驳回原告唐某的诉讼请求。宣判后，原告、被告均未提出上诉，本案现已发生法律效力。

  典型意义：本案确立了不得将党和国家的倡议申请登记为企业名称的基本原则。"一带一路"是国家主席习近平于2013年提出的伟大倡议，是党和国家关于重大经济合作倡议的高度概括，有着深刻的时代背景和丰富的理念内涵，肩负着统揽全局、引领国际的伟大使命。因此，"一带一路"的使用应当确保党和国家意志的权威性和严肃性不受侵犯。本案原告申请以"一带一路"作为企业名称注册登记，容易与国家层面的"一带一路"、倡议、布局相混淆，由此可能对公众造成欺骗或者误解，不符合国家利益、社会公共利益的根本要求。故，受诉法院依法驳回了原告诉讼请求。同时，判决指明了工商行政管理部门对已经核准的含有"一带一路"字样的企业名称的纠正方式——任何单位和个人可以要求登记主管机关予以纠正，登记主管机关有权自行纠正，或者由上级登记主管机关依法纠正。

二、工商注册登记

  工商注册登记是新企业开办的法定程序。创业者应主动到当地市场监督管理部门向有关人员咨询,了解申请工商注册登记的程序与要求,及时办理新企业的工商注册登记手续,使新企业的经营活动合法化,并受到法律保护。

(一)填写登记申请书并提交有关材料

申请人应当按照国家市场监督管理总局制定的申请书格式文本提交申请,并按照企业登记法律、行政法规和国家市场监督管理总局规章的规定提交有关材料。涉及法律、行政法规和国务院发布的决定确定的企业登记前置许可项目的,申请人应当提交法定形式的许可证件或者批准文件。

> **知识拓展**
>
> "多证合一"
>
> 2017年4月,国务院常务会议通过《关于加快推进"多证合一"改革的指导意见》,2017年4月28日,国家工商行政管理总局(现国家市场监督管理总局)表示,要求2017年10月1日之前,在全国全面推行"多证合一"。今天,"多证合一"工商注册已经在全国普及。
>
> "多证合一"是指商事主体(企业)的营业执照、组织机构代码证、税务登记证、社保登记证、统计登记证、刻章许可证、住房公积金缴存单位登记等证照和事务,在商事登记部门"一表申请、一门受理、一次审核、信息互认、多证合一、档案共享"登记模式的基础上,只发放记载有统一社会信用代码的营业执照。
>
> "多证合一"实现了企业"一照一码"走天下。"一照"即营业执照,成为企业唯一的"身份证";而"一码"即统一社会信用代码,则成为企业唯一的"身份证代码"。办理工商注册是设立新企业必不可少的一步。"多证合一"后的营业执照如图9-1所示。
>
>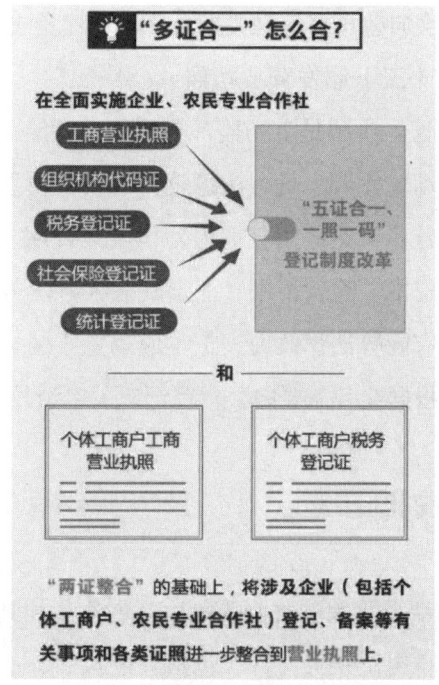
>
> 图9-1 "多证合一"后的营业执照

（二）缴纳出资

股东可以用货币出资，也可以用实物、知识产权、土地使用权等可以用货币估价并可以依法转让的非货币财产作价出资；但是，法律、行政法规规定不得作为出资的财产除外。对作为出资的非货币财产应当评估作价，核实财产，不得高估或者低估作价。法律、行政法规对评估作价有规定的，从其规定。

申请设立有限责任公司的，股东应当按期足额缴纳公司章程中规定的各自所认缴的出资额。股东以货币出资的，应当将货币出资足额存入有限责任公司在银行开立的账户；非货币财产出资的，应当依法办理其财产权的转移手续。股东认同公司章程规定的出资后，由全体股东指定的代表或者共同委托的代理人向公司登记机关报送公司登记申请书、公司章程等文件，申请设立登记。

以发起设立方式设立股份有限公司的，发起人应当书面认足公司章程规定其认购的股份，并按照公司章程规定缴纳出资。以非货币财产出资的，应当依法办理其财产权的转移手续。发起人不依照上述规定缴纳出资的，应当按照发起人协议承担违约责任。发起人认足公司章程规定其认购的股份并缴纳出资后，应当选举董事会和监事会，由董事会向公司登记机关报送公司章程及法律、行政法规规定的其他文件，申请设立登记。

（三）颁发营业执照

营业执照是市场监督管理机关发给工商企业、个体经营者的准许从事某项生产经营活动的凭证，具有法律效力。依法设立的公司由公司登记机关发给公司营业执照。公司营业执照签发日期为公司成立日期。公司营业执照应当载明公司的名称、住所、注册资本、经营范围、法定代表人姓名等事项。营业执照分为正本和副本，正本和副本具有同等法律效力，正本应当置于公司住所或者分公司营业场所的醒目位置。公司可以根据业务需要向公司登记机关申请核发营业执照若干副本。

三、刻制印章

新企业领取营业执照后，创业者须到所在地公安局特行科办理新企业印章，并向特行科提供相关文件，包括营业执照、法定代表人身份证等。公安局审批后到指定的印刻制单位刻制新企业印章。完成刻制后，还须在公安机关及相应的主管部门进行印鉴需要说明，企业的印章、企业牌匾、企业银行账户、企业信笺所使用的名称须与市场监督管理机关登记注册的名称相一致。

四、社会征信码登记

统一社会信用代码是一组长度为 18 位的用于法人和其他组织身份识别的代码。统一社会信用代码由国家标准委发布。国家标准委发布了强制性国家标准《法人和其他组织统一社会信用代码编码规则》。该标准已于 2015 年 10 月 1 日实施。我国以统一社会信用代码和相关基本信息作为法人和其他组织的"数字身份证",它是管理和经营过程中法人和其他组织身份识别的手段。

法人和其他组织统一社会信用代码,是国家为每个法人和其他组织发放的唯一的、终身不变的主体标识代码,类似于自然人的居民身份证号码。2015 年 6 月,国务院批转发展改革委等部门《法人和其他组织统一社会信用代码制度建设总体方案》(国发〔2015〕33 号),明确建立覆盖全面、稳定且唯一的以组织机构代码为基础的统一代码制度。统一代码制度将逐步覆盖此前组织机构代码管理部门编制的组织机构代码、工商部门编制的工商注册号、机构编制部门编制的事业单位证书号、民政部门编制的社会组织登记证号、人民银行编制的机构信用代码、税务部门编制的纳税人识别号等。统一社会信用代码具有唯一性、兼容性、稳定性和全覆盖等特点。

五、开立银行账户

开立银行账户是新企业与银行建立往来关系的基础。根据我国相关法律规定,每个独立核算的经济单位都必须在银行开户,各单位之间办理款项结算,除现金管理办法规定外,均需通过银行结算。

创办新企业需要开立一个临时存款账户,待新企业获得营业执照后,该账户转为基本存款账户,也可以申请注销,另开基本存款账户。新企业申请开立单位银行结算账户,应填写开户申请书,提供基本存款账户的企业同意其附属的非独立核算单位开户的证明等证件,送交盖有企业印章的卡片,经银行审核同意后开立账户。

> **知识拓展**
>
> **单位银行结算账户的基本用途**
>
> 单位银行结算账户按用途不同,可分为基本存款账户、一般存款账户、专用

存款账户和临时存款账户。

（1）基本存款账户是企业办理日常结算和现金收付的账户，企业的工资和资金等现金的支取，只能通过基本存款账户办理。基本存款账户只能选择一家银行的一个营业机构开立，不得在多家银行机构开立。

（2）一般存款账户是存款人因借款或其他结算需要，在基本存款账户开户银行以外的银行营业机构开立的银行结算账户。一般存款账户用于办理存款人借款转存、借款归还和其他阶段的资金收付。该账户可以办理现金缴存，但不得办理现金支取。该账户的开立数量没有限制。一般存款账户自正式开户起三个工作日后，方可办理付款业务，但因借款转存开立的一般存款账户除外。

（3）专用存款账户是企业按照法律、行政法规和规章，对其特定用途资金进行专项管理和使用而开立的银行结算账户。

（4）临时存款账户是企业临时经营活动需要开立的账户，企业可以通过本账户输入或转出资金。

六、办理税务登记

依法纳税是每个创业者必须承担的社会责任。企业在外地设立的分支机构和从事生产、经营的事业单位自领取营业执照之日起 30 日内，持有关证件，向税务机关申报办理税务登记。税务机关应当自收到申报之日起 30 日内审核并发给税务登记证件。

申报办理税务登记的一般流程如下：第一，由纳税人主动提出申请登记报告，并提供营业执照，有关合同、章程、协议书，银行账号证明，居民身份证、护照或其他合法证件，以及税务机关要求提供的其他有关证件、资料。第二，如实填写税务登记表。第三，税务机关审核后发给税务登记证件。

七、办理社会保险

根据我国社会保险法，创业企业注册后还必须办理社会保险。用人单位应当自成立之日起 30 日内凭营业执照、登记证书或者单位印章，向当地社会保险经办机构申请办理社会保险登记。社会保险经办机构应当自收到申请之日起 15 日内予以审核，发给社会保险登记证件。用人单位的社会保险登记事项发生变更或者用人单位依法终止的，应当自变更终止之日起 30 日内，到社会保险经办机构办理变更或者注销社会保险登记。

社会保险登记程序如下：单位递交申请，填写社会保险登记表和提供证件、资料；社会保险经办机构审核单位报送的资料；社会保险经办机构经审核无误后，建立参保单位、人员基础档案，核发社会保险登记证。

办理社会保险时，需要提供的证件、资料（均需原件和复印件）包括：工商行政管理机关注册的工商营业执照、批准成立证件或其他核准执业证件；国家市场监督管理总局验发的组织机构统一代码证书；企业法定代表人身份证；税务登记证；劳动和社会保障部门批的劳动工资手册；职工工资发放表；职工与企业签订的劳动合同书。

👉 实践训练

模拟企业注册流程

◆ **实践目的**

1. 提高学生创业的意识，让学生熟悉创业准备阶段的企业注册过程。

2. 使学生掌握注册过程中需要准备的文件和填写的记录，为未来的创业做好准备。

◆ **实践流程**

1. 实践准备

围绕企业创业注册的过程，利用"创业之星"软件，从进入创业大厦租赁办公室开始体验公司的注册过程。

2. 具体步骤

在创建公司之前，首先在创业大厦租一间办公室，签订租房合同，到税务局购买印花税，确定公司创业计划和公司章程。

第一步：去市场监督管理局领取一张"企业名称预先核准申请表"，填写公司地址，拟取公司名称，确定公司经营范围，确定公司股东出资及其比例，开具指定代表证明、经办人证明、法定代表证明，提交申请。

第二步：申请成功后，去银行办理临时账户，通过开户账号将款项汇入账户，向银行出具询证函，银行出具进账单、余额通知书，股东还需提供公司章程复印件、核名通知书复印件，之后由会计出具验资报告。

第三步：刻章，会计验资后刻制公司印章（方形）。

第四步：申请营业执照，到市场监督管理局领取公司设立登记的各种表格，填好后，连同核名通知、公司章程、租房合同、验资报告等一起提交，等待领取营业执照。

第五步：凭借营业执照，办理企业组织机构代码证。

第六步，到税务局办理税务登记，领取税务登记证。

第七步：去银行开立银行基本存款账户，一个公司一定要有一个也只能有一个银行基本存款账户。

第八步：进行社会保险登记、社会保险开户。

第九步：向主管税务机关申请办理领购发票，经主管税务机关审核通过后，就可以领取机构发放的《发票领购簿》。

最后公司注册成功，便可以开始经营了。

3. 实践思考

你觉得在注册新公司时还有哪些问题需要了解？

___

___

___

第四节 新企业的生存管理

本节导读：

相对于成熟企业，新创企业面临着更大的挑战。创业者需要为新创企业度过企业生命周期中最危险、失败率最高的阶段而获得发展奠定坚实的基础。可以说，企业创立初期是以"生存"为首要目标的行动阶段，新创企业管理的过程实质是一个如何让企业活下来的"生存管理"问题。为此，企业要进行许多紧迫管理，保障企业的正常运转。希望学习者可以通过对本节内容的学习，了解人力资源管理的内容，掌握人力资源管理的方法，掌握常见的市场营销策略。

一、人力资源管理

（一）人力资源管理内容

人力资源管理内容是指企业的一系列人力资源政策及相应的管理活动。这些活动主要包括员工招聘、培训与开发、绩效评价、薪酬管理等。

1. 员工招聘

初创企业最需要关注的是生存和发展的能力，拥有企业所需要的有专门技能的员工是企业能力的重要载体。员工招聘是按照人力资源规划吸引具有合适素质和技能的求职者进入企业的过程。员工招聘主要流程为：招聘计划的制订→招聘信息发布→简历筛选→应聘者选拔→员工录用→招聘评估与总结。

> **知识拓展**
>
> **面试提问技巧**
>
> 在进行员工的面试时，通过以下技巧性的问题，可以掌握应聘人员的基本情况。
>
> （1）请介绍你原来的工作经历，谈谈你有哪些知识技能。
>
> （2）你为什么想来本企业工作？你希望得到什么职位？
>
> （3）你为什么要离开原来的单位？如何评价你原来的工作？请提供原单位同事、你的主管和你属下的联系方式（可以听听他们的评价）。
>
> （4）你以前工作经历中最满意的成就是什么？你最不满意的地方是什么？
>
> （5）你认为你有哪些优点和缺点？
>
> （6）如果有人对你态度不好，你会作出怎样的反应？
>
> （7）你怎样支配业余时间？你有什么兴趣爱好？
>
> 除了一般的提问之外，还可以利用专业的职业测评技术，评价应聘人员的各种素质和了解其与应聘岗位的匹配程度，这能更加科学地帮助企业判断应聘者是否适合岗位的需要，而且是否有较强的意愿来本企业工作。

2. 培训与开发

员工培训与开发是指企业通过一定的科学方法，促使员工在知识、技能、态度、行为，甚至动机、能力等方面得到提高，以保证员工能够按照预期的标准或水平完成所要承担或将要承担的工作和任务的各种有计划的努力过程。培训与开发的基本方法主要有课堂讲授法、案例研究法、讨论法、角色扮演法。

3. 绩效评价

员工工作的好坏、绩效的高低直接影响着企业的整体效益。运用科学的标准和方法，对员工的工作绩效进行定期考核，其最终目的是通过对绩效评价结果的综合运用，推动员工为企业创造更大的价值。绩效评价的方法主要有360度评价法、关键绩效指标法、目标管理法。

4. 薪酬管理

薪酬问题是初创企业发展的核心问题。一方面，薪酬作为用工成本，尤其是初创企业进行成本控制的重点，这在劳动密集型行业中表现尤为明显；另一方面，薪酬作为激励因素，在吸引员工，激发员工的积极性、主动性和创造性上发挥着重要作用。薪酬管理的内容主要包括确定薪酬管理的目标和选择薪酬政策。

（二）人力资源管理技巧

1. "抽屉式"管理

"抽屉式"管理是一种通俗形象的管理术语，它形容在每个管理人员办公桌的抽屉里，都有一个明确的职务工作规范，在管理工作中，既不能有职无权，也不能有责无权，更不能有权无责，必须职、责、权、利相互结合。

2. "危机式"管理

随着世界经济竞争日趋激烈，相当一部分世界著名企业进入维持和衰退阶段，可口可乐、杜邦、福特这样的大企业，也曾出现经营亏损。为改变状况，美国企业较为重视推行"危机式"生产管理，曾掀起一股"末日管理"的浪潮。美国企业界认为，如果一位经营者不能很好地与员工沟通，不能向他的员工表明危机确实存在，那么他很快就会失去信誉，而企业也会失去效益。

3. "一分钟"管理

目前，西方许多企业采用"一分钟"管理法则，取得了显著的成效。其具体内容为一分钟目标、一分钟赞美及一分钟惩罚。"一分钟"管理法则妙就妙在它大大缩短了管理过程，有立竿见影之效果。

4. "破格式"管理

所谓"破格式管理"，就是根据能力、绩效决定员工升降去留。企业的诸多管理最终都通过人事管理达到变革、创新的目的。因此，世界上一些大企业都根据企业内部竞争形势的变化，积极利用人事管理系统实行制度变革，以激发员工的创造性。

5. "和拢式"管理

"和拢"表示管理必须强调个人和整体的配合，创造整体和个体的高度和谐。在管理中，欧美企业主要强调个人奋斗，促使不同的管理方式相互借鉴。

6. "走动式"管理

这是世界上流行的一种创新管理方式，它主要是指企业主管体察民意、了解实情，与部属打成一片，共创业绩。这种管理风格已显示出其优越性。

二、市场营销管理

（一）营销规划

创业成功的标志就是把产品推向市场，被消费者所接受。所以，创业营销是大学生新创企业一个至关重要的问题，必须予以高度重视。在创业开始的时候就要做好营销规划。营销规划是大学生创新创业营销行动的方向。营销规划可以使大学生创业企业的营销活动更具计划性，便于组织和有效管理；可以有效地帮助团队成员统一行动的方向，达成一致的目标，从而齐心协力获得竞争优势。一个完整的创业营销规划，应该包括以下几个方面的基本内容。

1. 创业营销环境分析

市场营销环境泛指一切影响和制约企业营销活动及其目标实现的外部环境的总和，包括宏观市场营销环境和微观市场营销环境。

宏观市场营销环境是指企业无法直接控制的因素，是通过影响微观环境来影响企业营销能力和效率的一系列巨大的社会力量，它包括经济、政治法律、科学技术、社会文化及自然生态等因素。

微观市场营销环境是指与企业紧密相连、直接影响企业营销能力和效率的各种力量和因素的总和，包括供应商、营销中介、消费者、竞争者及社会公众等。市场营销环境为企业提供了市场营销机会，也可能给企业市场营销活动带来威胁。

2. 创业营销市场分析

当我们确信宏观环境对本产品的入市没有大的威胁，或者面临的威胁可以找到化解方法的时候，我们就可以对产品要进入的市场进行分析。

创业营销市场分析的核心是市场机会分析与危机市场分析。市场机会是创业营销规划的目标核心，是创业市场营销的全部依据，创业营销规划的目的就是要把市场机会变成市场收益，变成企业利润。但机会总与风险同在，在抓住机会的时候，必须尽可能降低风险。所以创业营销规划要清楚创业营销过程中必须抓住的市场机会和必须重视的风险，想办法减少风险。

3. 创业营销目标市场确立

为了确立一个最具有成功可能性的目标市场，首先应该对产品面临的市场进行细分，然后根据可入性原则、成长性原则、容量性原则和安全性原则等一系列原则进行目标市场选择，最后再对选择的可能目标市场进行容量测定，只有一切都满足创业营销要求的，才能确定为最终的进入市场。所以，对目标市场的规划是创业营销规划的关键。

4. 创业营销目标确立

在创业营销目标市场确立之后，就要根据目标市场容量、产品特性、资源能力、竞争程度等指标确立创业营销目标。创业营销目标就是在创业阶段营销要达到的要求，包括生产目标、销售目标、利润目标、市场目标、渠道目标、品牌目标、竞争目标，以及不同阶段的不同目标组合。大学生创业者必须清楚，营销计划是一份引导营销决策的文件，而不是一份概括性的、做做表面文章的文件。有些创业者不愿意好好花时间写一份营销计划，这是因为他们常常误解了营销计划的意义，不了解营销计划可能解决什么问题，不能解决什么问题。所以，创业者在对自己的产品、市场和环境有了充分的了解后，就必须确立科学的营销目标，作为全部营销努力的依据。

5. 精心撰写营销计划书

一旦创业者收集到了所有必需的信息，就能坐下来着手撰写营销计划了。营销计划，与其他任何计划一样，对创业者的作用犹如一张地图对一位旅行者的向导作用。营销计划，特别是产品计划和品牌计划，包括下列内容：经理摘要、企业当前的营销状况、机会和问题分析、确定目标、营销战略措施、行动方案、营销预算、控制等。

（二）营销策略

在大学生创业企业初创阶段，缺乏市场推广资金，企业要在短期内快速有效地扩大知名度、提高产品美誉度是一件困难的事情。因此，大学生创业企业根据自己生产、管理经营的实际情况，针对目标市场和目标顾客的特点，选择恰当的市场推广策略，就能取得良好的效果。

1. 亲情营销

亲情营销强调把顾客当"朋友"或"亲人"，建立一种"亲情关系"，最大限度地缩短企业与顾客之间的距离，以期顾客对企业的产品产生忠诚。由于大学生初创企业缺乏知名度及品牌形象，如果给予顾客亲人般的服务，就会打动消费者，不仅提升了企业品牌形象，而且增强了品牌亲和力，从而在企业和顾客之间建立一种亲情般的供需关系，也会提高顾客对企业的忠诚度。

2. 事件营销

事件营销是围绕某个特定主题，借助有价值的新闻、有意义的事件，有计划、有目的地策划与实施，形成一定时期内密集的传播效应，以迅速提高品牌知名度与美誉度，最终促进产品销售的策略。事件营销具有投资回报率高、传播速度快、公众信任度高的优势。

3. 体验营销

体验营销是指通过采用让目标顾客观摩、聆听、尝试、试用等方式，使其亲身体验企业提供的产品或服务，让顾客实际感知产品或服务的品质，从而促使顾客认知、喜好并购买产品或服务的一种营销方式。体验营销拉近了企业和消费者之间的距离，更加注重消费者接受和使用产品时的感受。消费者在体验过程中主动参与产品设计制造，这可以使大学生创业企业在产品开发和服务设计上少走弯路。

经典案例

体验营销成功案例：宜家

宜家，自1943年创立至今，已经成为全球最大的家具家居用品商场，之所以取得如此大的成功，主要是因为它早已将沉浸体验式营销融入了骨子里。

提及宜家的沉浸体验式营销，你会发现它真的接地气。它将内部布局和服务方式设计得更加自然、和谐，旨在让每个人感觉到宜家就像是出外休闲旅行一般。为了这一切，它在商场中，设有咖啡店、快餐店和儿童活动区域等。如果，在购物过程中，你有些累了，可以喝一杯咖啡，可以吃一份正宗的甜点，甚至是小憩一会。而在产品方面，宜家则是主张直接体验。对于抽屉、柜子、床垫等等，当你想要买的时候，不妨自己拉开抽屉，打开柜门，躺在床垫上试试，感受一下它们的质量，再决定购买。

此外，它还通过"家装设计"打造不一样风格的样板间，根据不同的风格进行设计和布置，将一切进行合理的配置，给消费者最直观的产品展示。可以说，宜家是借家装体验来售卖家具和创意设计。

4. 精准营销

精准营销就是在精准定位的基础上，依托现代信息技术手段建立个性化的顾客沟通服务体系，实现企业可度量的低成本扩张之路。精准营销借助先进的数据库技术、网络通信技术及现代高度发达的物流技术等手段保障企业和顾客的长期个性化沟通，使营销达到可度量、可调控等精准要求。精准营销摆脱了传统广告沟通的高成本束缚，使企业低成本快速增长成为可能。

5. 定制营销

定制营销是指企业在大规模生产的基础上，将每一位顾客都视为一个单独的细分市场，根据个人的特定需求来进行市场营销组合，以满足每位顾客的特定需求的一种营销策略。因此，定制营销将确定和满足顾客个性化需求放在企业的首要位置，这样既不牺牲效率，还在一定程度上减少了企业新产品开发和决策的风险。

6. 借势营销

借势营销是将销售的目的隐藏于营销活动之中，将产品的推广融入顾客喜闻乐见的环境里，使顾客在这个环境中了解产品并接受产品的营销手段。作为一种新型营销手段，借势营销集新闻效应、广告效应、公共关系、形象传播、客户关系于一身，已经当之无愧地成了企业新产品推介、品牌展示、建立品牌识别和品牌定位等营销活动的首选策略。

7. 知识营销

知识营销是指向大众传播新的科学技术及其对人们生活的影响，通过科普宣传，让消费者不仅知其然，而且知其所以然，重新建立新的产品概念，进而使消费者萌发对新产品的需要，达到拓宽市场的目的。因此，大学生创业企业在搞科研开发的同时，就要想到知识的推广，使新产品研制的市场风险降到最小。

经典案例

知识营销成功案例：知乎与特仑苏联手打造"知识营销"作品

特仑苏全新升级"知识包装"：

第一阶段，唤醒用户的好奇心和求知欲，影响种子用户。特仑苏与知乎携手挖掘了知乎站内 54 个趣味十足的自然科学知识，并以原生广告的形式投放到知乎站内。以优质的自然科学知识内容，吸引知乎用户并赢得信任，从而将其转化为品牌种子用户，将内容进一步扩散到全网范围。

第二阶段，产品升级"知识包装"，让每一瓶特仑苏都成为一个"自然科学知识"。在线上通过知乎积累大量"自然科学知识"，并初步建立"自然科学知识"与"特仑苏"的绑定关联后，特仑苏将线下产品包装全面升级，将 54 个自然科学问题和知识二维码印刷在特仑苏有机纯牛奶全新版产品包装上。通过"扫码获知识"的方式强化用户交互体验的同时，进一步把用户的互动体验从线下转移到线上知乎的相关内容讨论中，积累更多用户的互动评论反馈，从而将其转化为品牌内容资产的一部分，成为品牌产品的强背书。

第三阶段，进军知乎机构号，搭建长期用户沟通平台。在积累了一定的品牌内容资产与品牌种子用户后，特仑苏通过入驻知乎机构号，进一步与知乎用户展开更多且长期的沟通交流。以问答、文章等知乎用户熟悉而习惯的方式，继续以"自然科学知识"内容与用户保持"亲密关系"，从而长期培养知乎上潜在的特仑苏消费者。

图 9-2 特仑苏的"知识包装"

思考与练习

1. 新企业的组织形式有哪些？

2. 新企业选址的重要性有哪些?选址的策略是什么?

3. 新企业应注意哪些法律问题?

4. 简述公司注册登记流程。

第十章
"互联网+"创业

学习目标

知识目标：

通过对本章的学习，了解"互联网+"的概念，熟悉"互联网+"背景下主要产业发展趋势，掌握互联网创业成败五要素，了解大学生互联网创业的优势和起步选择。

思政目标：

1. "互联网+"是未来的一个发展趋势，在创业时我们要学会顺应发展趋势，在日常生活中也要紧跟国家的大方向。

2. 通过对"互联网+"创业成功案例的学习，了解我国"互联网+"的优秀发展成果，提高民族自豪感。

"互联网+"促进以移动互联网、云计算、大数据、物联网为代表的新一代信息技术与制造、能源、服务、农业等领域的融合创新，发展壮大新兴业态，打造新的产业增长点。当前，我国已形成"政府促进创业、市场驱动创业、学校助推创业、社会扶持创业、个人自主创业"的生动局面。以互联网为依托的创新平台、创业途径和就业模式正在持续打破时空限制，微店、创客等新兴群体已不断通过新创意来参与公平竞争，踏上成功创业之路。

第一节 "互联网+"概述

本节导读：

伴随知识社会的来临，驱动当今社会变革的不仅仅是无所不在的网络，还有无所不在的计算、无所不在的数据、无所不在的知识。"互联网+"是指在创新2.0（信息时代、知识社会的创新形态）推动下由互联网发展的新业态，也是在知识社会创新2.0推动下由互联网形态演进、催生的经济社会发展新形态。希望学习者可以通过对本节内容的学习，熟悉"互联网+"，并能够树立互联网创业思维。

一、"互联网+"基本简介

"互联网+"代表着一种新的经济形态，它指的是依托互联网信息技术实现互联网与传统产业的联合，以优化生产要素、更新业务体系、重构商业模式等途径来完成经济转型和升级。"互联网+"计划的目的在于充分发挥互联网的优势，将互联网与传统产业深入融合，以产业升级提升经济生产力，最后实现社会财富的增加。

"互联网+"计划具体可分为两个层次的内容来表述。一方面，可以将"互联网+"

概念中的文字"互联网"与符号"+"分开理解。符号"+"意为加号，即代表着添加与联合。这表明了"互联网+"计划的应用范围为互联网与传统产业，它是针对不同产业间发展的一项新计划，应用手段则是将互联网与传统产业进行联合和深入融合的方式；另一方面，"互联网+"作为一个整体概念，其深层意义是通过传统产业的互联网化完成产业升级。通过互联网将开放、平等、互动等网络特性运用到传统产业中，通过大数据的分析与整合，试图理清供求关系，通过改造传统产业的生产方式、产业结构等内容，来增强经济发展动力，提升效益，从而促进国民经济健康有序发展。

二、"互联网+"概念的提出

易观国际董事长兼首席执行官于扬首次提出"互联网+"理念。他认为，在未来，"互联网+"公式应该是我们所在的行业的产品和服务，在与我们未来看到的多屏全网跨平台用户场景结合之后产生的这样一种公式。我们可以按照这样一个思路找到若干这样的想法。而怎么找到你所在行业的"互联网+"，则是企业需要思考的问题。

2014年11月，李克强总理出席首届世界互联网大会时指出，互联网是大众创业、万众创新的新工具。其中"大众创业、万众创新"正是2015年《政府工作报告》中的重要主题，被称作中国经济提质增效升级的"新引擎"，可见其重要作用。

2015年3月，全国"两会"上，全国人大代表马化腾提交了《关于以"互联网+"为驱动，推进我国经济社会创新发展的建议》的议案，表达了对经济社会创新的建议和看法。他呼吁，我们需要持续以"互联网+"为驱动，鼓励产业创新、促进跨界融合、惠及社会民生，推动我国经济和社会的创新发展。马化腾表示，"互联网+"是指利用互联网的平台、信息通信技术把互联网和包括传统行业在内的各行各业结合起来，从而在新领域创造一种新生态。他希望这种生态战略建议能够被国家采纳，成为国家战略。

2015年3月5日十二届全国人大三次会议上，李克强总理在《政府工作报告》中首次提出"互联网+"行动计划。他提到，制定"互联网+"行动计划，推动移动互联网、云计算、大数据、物联网等与现代制造业结合，促进电子商务、工业互联网和互联网金融健康发展，引导互联网企业拓展国际市场。

2015年7月4日，经李克强总理签批，国务院印发《关于积极推进"互联网+"行动的指导意见》（以下简称《指导意见》），这是推动互联网由消费领域向生产领域拓展，加速提升产业发展水平，增强各行业创新能力，构筑经济社会发展新优势和新动能的重要举措。

2015年12月16日，第二届世界互联网大会在浙江乌镇开幕。在"互联网+"论坛上，中国互联网发展基金会联合百度、阿里巴巴、腾讯共同发起倡议，成立"中国互联网+联盟"。

> **知识拓展**
>
> **"中国互联网+联盟"**
>
> 一、联盟定位。由我国互联网及相关传统行业的大中小企业、事业单位、社会组织共同倡议，自愿发起，是依法组织开展互联网+社会活动的全国性、社会性、行业性、非营利的联合体，是"互联网+"从业者的组织网络和服务平台，是政府、市场、社会合作沟通的纽带和桥梁，是追求社会效益和经济效益共赢的共同体。
>
> 二、联盟宗旨。以助推国家"互联网+"行动为目标，以促进中国经济发展转型升级提质增效为己任，全面服务于国家互联网战略实施，全面服务于中国经济社会可持续发展。
>
> 三、价值理念。平等互利，优势互补，融合创新，开放共赢。
>
> 四、联盟使命。推动"互联网+"及相关领域的技术革新，商业模式创新和体制机制的创新，打造技术标准，实现信息共享。鼓励联盟成员共同探索发展前沿，共同创新成果，实现融合发展，促进大中小企业优势互补，促进资本关注和解决创新型企业融资和发展的瓶颈，聚合优势资源，助力中小企业成长，倡导社会价值，引领具有社会价值的投资理念，引导联盟成员遵守自律公约，主动承担社会责任，协调建立政府、企业、社会组织共治的新机制，营造跨界合作的社会创新生态，形成大众创业、万众创新的良好环境。服务互联网及相关传统企业，抱团出海，共同开拓国际市场，加强海外合作，增强中国产品、中国标准在全球市场的影响力和竞争力。

三、"互联网+"的特征

（一）跨界融合

"+"就是跨界，就是变革，就是开放，就是重塑融合。敢于跨界，创新的基础就更坚实；融合协同，群体智能才会实现，从研发到产业化的路径才会更直。

（二）创新驱动

中国粗放的资源驱动型增长方式早就难以为继，必须转变到创新驱动发展这条正确的道路上来。这正是互联网的特质，用所谓的互联网思维来求变、自我革命，更能发挥创新的力量。

（三）重塑结构

信息革命、全球化互联网业已打破了原有的社会结构、经济结构、地缘结构和文化结构，权利、议事规则、话语权在不断发生变化，"互联网+社会治理"、虚拟社会治理会有很大的不同。

（四）尊重人性

人性的光辉是推动科技进步、经济增长、社会进步、文化繁荣最根本的力量，互联网的力量之强大是来源于对人性的最大限度的尊重、对个人体验的敬畏、对人的创造性发挥的重视。例如，UGC（用户生成内容）、卷入式营销、分享经济。

（五）开放生态

关于"互联网+"，生态是非常重要的特征，而生态本身就是开放的。推进"互联网+"，其中一个重要的方向就是要把过去制约创新的障碍化解掉，把孤岛式创新连接起来，让研发由人性决定、市场驱动，让创业者有机会实现价值。

（六）连接一切

连接是有层次的，可连接性是有差异的，连接的价值是相差很大的，但是连接一切是"互联网+"的目标。

> **经典案例**
>
> **华米联手李宁发布智能跑鞋**
>
> 2015年7月15日，小米生态链企业华米科技携手国内知名运动品牌李宁，联合发布了具有超高性价比的智能跑鞋——烈骏和赤兔，打造了中国运动品牌的

首款智能跑鞋。继小米手环之后，华米科技推出了智能芯片产品——"华米智芯"，真正实现了让智能跑步无感融入互联网和日常生活。

对于双方的合作，李宁公司创始人李宁表示："李宁智能跑鞋所尝试的，不仅是创新产品体验和打破价格壁垒，更是在'互联网+'的浪潮中打造立体生态圈，让每个消费者都能轻轻松松迈入智跑时代是研发智能跑鞋的初心与动力。"华米科技创始人及CEO黄汪提到："此次与李宁的合作，是华米科技在智能可穿戴领域里的一次尝试。李宁在运动装备领域有着非常深厚的用户积累与专业优势，此次合作让智能运动生活方式真正大众化，让更多消费者可以惊喜拥抱智能跑步时代。"

为了让消费者真正从李宁智能跑鞋中体验智能跑步的乐趣，华米科技组建了硅谷、北京、合肥三地的包括10多名博士在内的40多人的专业研发团队，在李宁运动科学实验室的帮助下，历经一年的努力，从续航、防水、算法、互动服务、数据等方面力争达到完美。

为延长芯片电池续航时间，华米科技采用了智能电源管理算法来动态调节芯片电源使用模式和运算速度。此外，华米智芯使用了最先进的低功耗传感器、低功耗无线传输技术和自适应数据传输速率控制算法。这些技术使得用户即使每天穿着李宁智能跑鞋跑一个半程马拉松，电池续航能力也可在1年以上。

而对于用户普遍关心的防水问题，华米智芯防水达到IPX7级别，在3米水深的位置放置30分钟依然可以正常工作。每一颗华米智芯都会经过严格的气密性防水检测、震动测试、静力测试、耐汗测试、高温高湿测试、高低温度测试、扭力测试，以保证芯片无论在什么环境下都可正常运作，确保跑友可以"风雨无阻"地跑步。

除了出色的硬件保障外，华米科技此次开发了拥有专利技术的"米动计步算法""米动步态分析算法"和"米动户外运动追踪算法"，不仅实现准确性达到90%的精准记步、实时步频和里程计算，还与李宁科学实验室合作，实现前脚掌、后脚跟着地智能判断，帮助用户纠正跑姿并选择适合自己的跑鞋。米动户外运动追踪算法还可以进行精准的实时配速测量和轨迹追踪，让用户获得自己最准确的运动信息。

李宁智能跑鞋以拥有千万级活跃用户的小米运动App为交互平台，除了常规分享跑步路线、运动成绩与水印照片之外，还通过"米动步态分析算法"对跑者步态的智能判断和分析，让跑者参与到米动云端训练计划中，更好地完成科学的

> 跑步训练。未来，小米运动 App 也将搭建米动训练中心平台，提供从初级入门到马拉松训练的全套服务，并向专业的第三方服务开放，让李宁智能跑鞋用户得到更好的增值服务。
>
> 与此同时，李宁智能跑鞋用户还将感受到米动云端大数据平台的强大，通过此平台可以了解到自己各个时刻的各类详细运动数据，见证自己从一个初跑者成为资深跑者的蜕变。通过李宁智能跑鞋里程数据的记录，小米运动还将提醒用户跑鞋的更换。

四、"互联网+"的社会影响

"互联网+"中重要的一点是催生新的经济形态，并为大众创业、万众创新提供环境。

李克强总理所提的"互联网+"与相关互联网企业较早讨论聚焦的"互联网改造传统产业"相比已经有了进一步发展。

"互联网+"不仅仅是互联网移动了、泛在了、应用于某个传统行业了，更加入了无所不在的计算、数据、知识，造就了无所不在的创新，推动了知识社会以用户创新、开放创新、大众创新、协同创新为特点的创新，改变了我们的生产、工作、生活方式，也引领了创新驱动发展的"新常态"。

"互联网+"是中国工业和信息化深度融合的成果与标志，也是进一步促进信息消费的重要抓手。

▶ 第二节　"互联网+"重大产业趋势 ◀

本节导读：

与传统企业不同的是，在当前"全民创业"的时代，越来越多的项目与互联网相结合，这些项目自诞生就是"互联网+"的形式。在未来，"互联网+"将成常态，各行各业的企业都将互联网化。希望学习者可以通过对本节内容的学习，了解"互联网+"重大产业趋势，并能够选择顺应产业趋势的行业进行创业。

一、"互联网+制造业"

2015年"两会"期间，国务院总理李克强提出要制订"互联网+"行动计划，并针对产业发展提出了一个新概念——中国制造2025。他在《政府工作报告》中指出："制造业是我们的优势产业。要实施'中国制造2025'，坚持创新驱动、智能转型、强化基础、绿色发展，加快从制造大国转向制造强国。"

"中国制造2025"大致包括5个方面内容：一是强调创新驱动；二是质量为先；三是绿色发展；四是结构优化；五是人才为本。互联网和传统工业的融合将是中国制造新一轮发展的制高点，智能制造将是未来的主攻方向。在当下这个互联网大行其道的时代，制造业不仅应该放下曾经的辉煌和成功，在新的格局下，把互联网作为工具和新思维，融入这场大改革运动中来，在原有制造产业生态基础上进行升级和更新，而且要承担起互联网时代更大的使命。图11-1为"中国制造2025"十大重点领域。

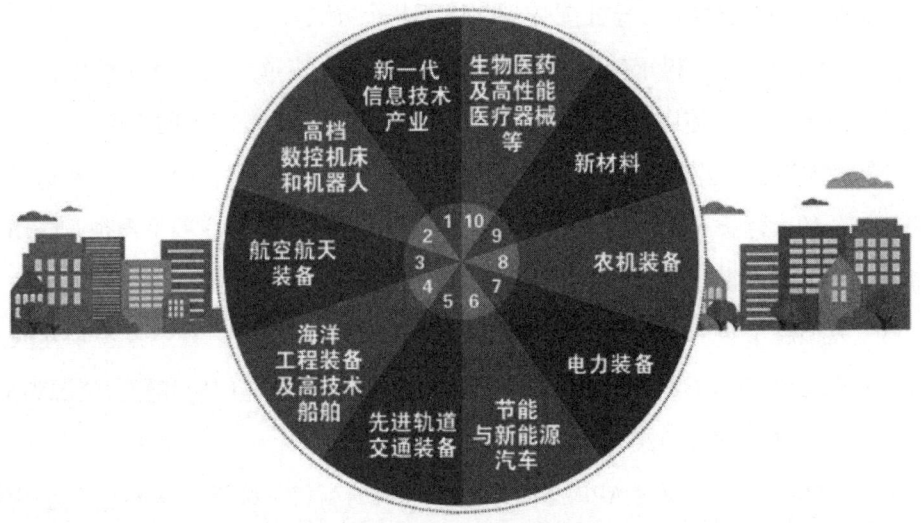

图11-1　"中国制造2025"十大重点领域

推进"互联网+"，特别是互联网技术和制造业技术的结合，对解决制造业目前存在的一些困境，实现制造业强国，是一个非常重要的抓手。互联网技术和工业、制造业技术更加紧密地结合起来,这一结合带来的变化和影响是极其深刻的,有人称之为新一轮工业革命。其深刻影响主要表现在:一是工业制造业的生产方式、组织方式都会发生一些重大变化,生产效率也会相应大幅度提高;二是新的模式、新的业态都会出现,例如制造业服务化。

中国制造业目前最大的问题并不是技术水平差或生产效率低下,而是生产与市场脱节,以及供应链上各个环节停顿。例如,产能过剩、设备闲置、生产周期长、新产品开发慢、产品不适销、库存积压等问题。因此,对于中国制造业的转型升级,应当摒弃"局部优化"的技术改革思路,从市场需求—销售—生产—采购的供应链整体效益出发。我们很欣喜地看到,互联网为实现从"系统角度"思考问题提供了绝佳的条件。

二、"互联网+零售业"

随着互联网的高速发展,各行各业都发生了翻天覆地的变化,而零售业也在这股浪潮中脱颖而出,焕发出新的活力。从线上购物平台的兴起,到智能物流、新零售等技术的应用,互联网正逐渐改变着零售业的格局。从实践来看,近年来实体零售业在"互联网+"背景下的转型创新探索主要体现在以下几个方面。

(1)零售企业着力谋求线上线下融合,实现O2O变革。在转型实践中,一些实体零售企业实现线下实体店铺与线上互联网络融合发展,谋求O2O的变革。

(2)大型零售企业与互联网平台企业合作,实现优势互补,探索发展新途径。在"互联网+"的大背景下,一些大型商业零售企业选择与大型互联网平台企业合作,力图发挥各自的比较优势,实现优势互补,进而促进双方的良性发展。

(3)大型超市企业自建网络平台,打造超市O2O新模式。在"零售+互联网"过程中,一些线下实体超市企业探索自建网上平台,以线下实体门店和经营资源为依托,整合线上线下资源,实现O2O融合发展。

(4)实体超市利用微店APP挖掘移动互联网的商机。线下实体零售企业开始利用移动互联网的强大功能,尝试线上发展,以促进线上线下融合,挖掘移动互联网的巨大商机。

(5)运用大数据采集和智能分析推动零售企业经营变革。大数据分析和服务能够帮助零售企业更快、更深层次地挖掘大数据,实现数据价值的最大化,帮助企业大幅度提升应用水平。一些大型商业零售企业开始探索运用大数据的采集和智能分析推动零售企业经营变革。

（6）便利店通过多种灵活方式实现"互联网+"。在"互联网+"的背景下，便利店发挥靠近消费者的优势，完善便利服务体系，增加快餐缴费、网订店取、社区配送等多种便民服务功能。

> **知识拓展**
>
> **电子商务的优点**
>
> （1）电子商务将传统的商务流程电子化、数字化，一方面以电子流代替了实物流，可以大量减少人力、物力，降低成本；另一方面突破了时间和空间的限制，使得交易活动可以在任何时间、任何地点进行，从而大大提高了效率。
>
> （2）电子商务所具有的开放性和全球性的特点，为企业创造了更多的贸易机会。
>
> （3）电子商务使企业可以以相近的成本进入全球电子化市场，使得中小企业有可能拥有和大企业一样的信息资源，提高了中小企业的竞争能力。
>
> （4）电子商务重新定义了传统的流通模式，减少了中间环节，使得生产者和消费者的直接交易成为可能，从而在一定程度上改变了整个社会经济运行的方式。
>
> （5）电子商务一方面破除了时空的壁垒，另一方面又提供了丰富的信息资源，为各种社会经济要素的重新组合提供了更多的可能，这将影响到社会的经济布局和结构。
>
> （6）互动性：通过互联网，商家之间可以直接交流、谈判、签合同，消费者也可以把自己的反馈建议反映到企业或商家的网站，而企业或商家则要根据消费者的反馈及时调整产品种类及提升服务品质，做到良性互动。

三、"互联网+服务业"

近几年，移动互联网取得了大发展，O2O蓬勃兴起并逐渐成形，掀起了互联网对各个传统行业的改造大潮，是"互联网+"服务业模式发展的一种体现。其本质是互联网对传统行业生产关系的重塑。

O2O模式备受服务业青睐，产业链逐渐成熟，传统企业与互联网企业纷纷入局，O2O领域"群魔乱舞"：融资链接不断，新创企业粉墨登场。站在风口上，一批批O2O实践者登上了属于他们的历史舞台。2014年这一年，越来越多的行业涉足O2O，如教育O2O、医疗O2O、美容O2O、家政O2O、汽车服务O2O……市场的发展和商业趋势让O2O成为必然。随着O2O市场的迅速升温，玩家们疯狂烧钱，资本市场成为O2O概念爆红的最大推手，整体发展热火朝天；另一方面，O2O市场玩家越来越多，提供的服务几乎覆盖到人们日常消费中的各个方面，在这高呼转型的纷乱期，O2O几乎成为线上线下企业共同的救命稻草。

四、"互联网+金融业"

2015年3月22日，《新闻联播》首次头条报道互联网金融，报道时长6分钟，以《互联网+金融 加出融资高效率》为题，阐述了近年来互联网金融在我国的迅猛发展。

2013年"余额宝"出世，尽管先后两次将个人持有资金分别降为25万元和10万元，但截至2017年6月，总额仍达到了1.43万亿元，超过了招商银行2016年年底的个人活期和定期存款总额，并直追2016年中国银行的个人活期存款平均余额1.63万亿元，其规模的爆炸式增长给金融企业打开了一扇神奇的大门，互联网和金融的融合带来"蝴蝶效应"，引发巨大的能量聚变、释放，传统金融业与互联网思维的碰撞孕育出后续众多"互联网+金融业"模式。

站在"互联网+"之巅，互联网金融无疑为产业链变革带来了机会。

从互联网金融产业链看，包括资金募集、理财、支付、网络货币、金融信息服务等多个环节。资金募集的模式包括股权众筹、P2P贷款、电商小贷等；理财包括互联网公司与券商合作发行的产品、与基金合作的货币基金及银行推出的各类理财产品等；支付，包括网上支付和移动支付。此外，还有一些互联网金融信息服务，主要是将互联网已经成熟的技术和思维用在金融细分领域中。

总而言之，金融服务是实现产业互联网闭环生态系统不可或缺的重要一环，对于互联网金融这个年轻的行业来说，能够迅速成为《政法工作报告》的热点是千载难逢的机遇，谋求上市也只是开始，互联网金融离整个行业定型尚有距离，传统金融IT企业依然扮演着更重要的角色。"互联网+金融业"正在进行商业模式转型，成为推动经济发展的支柱。

五、"互联网 + 供应链"

所谓供应链,是指将产品或服务提供给最终消费者的整个活动过程的上游、中游和下游企业所构成的网络。它由围绕核心企业的供应商、供应商的供应商和用户组成,包括从原材料采购开始,历经供应商、制造商、分销商、零售商,直到最终消费者的整个运作过程。供应链管理是指围绕核心企业,对供应链中的物流、信息流、资金流及贸易伙伴关系等进行组织、计划、协调、控制和优化的一系列现代化管理。

供应链发展经历了 3 个阶段:早期的物流管理阶段,供应链仅仅被视为企业内部的一个物流过程;进入 20 世纪 90 年代的价值增值阶段,供应链不再只是一条生产链了,而是一个涵盖了整个产品运作过程的增值链;如今的网链阶段,企业间关系正在呈现日益明显的网络化趋势。

六、"互联网 + 农业"

农业看起来离互联网最远,但"互联网 + 农业"的潜力却是巨大的。农业信息的互联网化将有助于与需求市场的对接,互联网时代的新农民不仅可以利用互联网获取先进的技术信息,也可以通过大数据掌握最新的农产品价格走势,从而决定农业生产重点。与此同时,农业电商将推动农业现代化进程,通过互联网交易平台减少农产品买卖中间环节,增加农民收益。面对万亿元以上的农资市场,农业电商面临巨大的市场空间。

> **经典案例**
>
> ### 农产品电商成就农村创业之梦
>
> 密云是北京市重要水源地之一,具有得天独厚的环境优势,优质农产品资源丰富,但受到交通不便、观念落后及销售渠道少等因素制约,优质的农产品却往往不能实现应有的价值。
>
> 孔博 2008 年毕业于北京理工大学,毕业后就职于一家外企投资咨询公司,解决一个又一个产业规划方案的同时,一直在思考在消费升级的背景下如何能通过新渠道和新模式解决家乡农产品优质优价的问题。2012 年孔博回到家乡北京市密云区河南寨镇中庄村创办了农产品销售电商企业"密农人家",依托密云区的优

质农产品资源,通过互联网渠道进行农产品的推广和销售,实现了"互联网+农业"的完美结合,为密云的农产品插上了腾飞的翅膀,同时也实现了自己的农村创业之梦。

密农人家吸引了一批大学生回乡创业,与当地多家合作社签约种植生产,通过天猫、淘宝、京东、微信等渠道全年稳定供应140余种优质农产品,聚焦北京城区中高端市场,辐射津冀、江浙沪等省市。其中淘宝店铺2013—2015年连续三年位居淘宝网蔬菜类目首位,2015年销售额突破1000万元,带动2000余农户生产种植转型,用大数据支持生产,早上采摘,当日送达,在网络市场上塑造了密云农产品"优质、新鲜、放心"的品牌形象。2016年实现销售收入2800万元,每天都有农产品通过密农人家配送到京津冀甚至更远的地区。

经过四年的努力,密农人家荣获北京市农业信息化龙头企业、北京市农业农村信息化示范基地等称号。2015年孔博获团市委"首都青年创新创业大赛"第一名,后荣获团中央和农业部(现农业农村部)组织的"第九届全国农村青年致富带头人"荣誉称号,第三十届北京青年五四奖章。

第三节 互联网创业成败因素

本节导读:

每一年,互联网行业都会出现大批风口,有的是仍在爆发的风口,有的是全新出现的风口。这些风口的涌现,给众多互联网企业带来了机会,同时,也带来了难以估量的风险。互联网创业者在选择行业时一定要评估好自身情况,选择正确的创业风口,尽量减少失败。希望学习者可以通过对本节内容的学习,了解互联网创业成败的因素,并能够调整好自己的心态,胜不骄,败不馁。

一、定位

我是谁？我的网站或技术有怎样的差异性和利益点？定位需要回答的问题有三个：我们的业务是什么？我们的目标客户是谁？应该向他们提供什么样特征的产品或服务？通过对业务的定义可以界定出谁是我们的客户和竞争者，谁是我们的合作伙伴，我们应该拥有什么样的资源和能力。

以点评网站中的豆瓣为例，"文艺、小资、优雅"是豆瓣自创办之初就在坚持的品牌调性，豆瓣读书、豆瓣电影、豆瓣音乐三大板块无不彰显着这样的味道，尽管现如今已经拥有了4500万活跃用户，豆瓣还是没有生硬地将商业意愿强加给消费者，而是顺着用户的使用需求不断调整产品形态。对于互联网企业来说，用户永远都是最大的财富。假如我们想要做电子商务网站，那我们就要思考是做像1号店那样的"网上沃尔玛"还是像京东那样的"网上国美"，是以满足象牙塔里的少男少女为目的还是以22岁至32岁的都市白领为主。同样的商品，你的产品、价格和服务有什么优势？这些都是我们需要率先规划好的。

> **经典案例**
>
> ### "汉服达人"的文化复兴梦
>
> "有结婚20周年的夫妇来拍结婚纪念照，有年龄加一起超过80岁的闺蜜来拍写真，还有即将毕业的大学生专门来庆祝。"在十步汉飔汉服体验馆里，"90后"汉服造型师韩爽每天都要给来体验汉服的人设计造型。
>
> 从事汉服造型师工作之前，韩爽曾是一名西班牙语翻译和国家认证金融理财师，还是微博等平台的旅行博主。"在旅游中，我看到许多游客都把和服体验当作去日本旅行的固定打卡项目。在韩国，穿传统服装游览一些景点甚至可以免门票。"热爱汉服和传统文化的韩爽由此萌生了创业的想法，并创立了十步汉飔汉服体验馆。
>
> 作为一名新生代创业者，韩爽希望通过互联网传播，让汉服与世界产生更多联系，让更多年轻人加入传播汉服文化的潮流中来。
>
> 创业的艰辛超出韩爽的想象。从创业想法萌芽、制订方案、寻找合伙人、选址、拿着方案找了不下100个投资人谈融资，到店面成功试营业，韩爽都一手操办。
>
> "不少人以为汉服仅仅指汉代服饰，实际上汉服是汉民族的传统服饰，从黄

> 帝时期至明末共有 4000 多年的历史。"为更好地复兴汉服文化，韩爽紧跟当下热点潮流，仿照流行影视作品《长安十二时辰》《花木兰》等造型，用现代的时尚感，演绎不一样的传统文化。
>
> 如今，十步汉飓品牌已小有名气，在线上了解产品、预约体验的消费者稳步增长，全国首家汉服室内实景体验自拍馆也应运而生。其背后，汉服体验和消费日益成为潮流。某电商平台统计数据显示，目前汉服体验消费者以"95 后"居多，占比超过 3 成，新生消费力量"00 后"占比达 13%。汉服体验消费者中也不乏"60 后"的身影。
>
> "活在过去的是文物，走上街头的才潮酷。"韩爽说，自己做汉服体验店的目的不是让人们回到过去，而是让汉服来到现代人的生活当中。在传播汉服文化的路上，韩爽乐在其中，并决定在汉服造型师的新职业之路上继续探索。

二、业务系统

消费者和利益相关方需要什么？我们还能做什么？业务系统的建立关键在于对市场环境、消费需求、竞争对手及自身优劣势的通盘分析，从而找出一个最佳的切入点。任何一个打算进入某个行业的创业者，都应该反复询问以下问题来确定利益相关方。

第一，我们拥有哪些优异能力，如资金实力、技术实力、互联网创业经验等？

第二，周边环境可以为我们提供哪些业务支持？简单地举例，如行业环境方面，因开发了网游加速器而红极一时的四川迅游网络科技股份有限公司，其成功就和成都市政府对游戏开发企业的大力扶持密不可分。

第三，我们可以为各个相互作用的主体提供什么价值？如，广州大学城区域内的学生人数众多，可是缺少一个公共平台可以将社交、游戏、电子商务等功能都涵盖在内，聚焦在电子商务方面，则可能有这样的机会点——可为校外的商家和校内的学生搭建一座直接有效的对接桥梁。

第四，从共赢的角度出发，思考我们怎样才能将这些活动组成一个有机的价值网络，同时又让其他利益相关方得到他们想要的利益。注意，这里说的是"有机的价值网络"，那就意味着必须是通过吸力将利益相关方连接在一起，而不是一厢情愿地强行连接在一起。那么，对互联网企业来说，流量和人气就是生命线了，而这生命线上的"命根"，则是产品品质和用户体验。

三、关键资源能力

我们最大的优势是什么？用什么来安身立命？这是保证我们的创业构思和设计得以实施的关键因素。关键资源能力包括金融资源、实物资源、人力资源、信息、客户关系等等。

阿里巴巴为什么那么成功？因为他们有马云，更因为马云身后有一大帮铁杆智囊团和后援队。华为为什么能和爱立信等国际巨头竞争？因为他们浑身上下都散发着令竞争对手胆寒的狼性气息，因为他们始终把创新当作自己保持领先的秘诀。腾讯为什么靠即时通信起家却能够成功地延伸到门户网站、电子商务网站、游戏平台？因为它具有超高的人气，并且总能带来很棒的使用体验。

四、盈利模式

我们的利润来自哪里？清晰的盈利模式很重要，可是也要注意避免盈利模式的单一或生硬化。从谁那里可以获取利益？谁可以分担投资或支付成本？以电子商务网站为例，我们的盈利来源是靠网站上的广告？还是靠从商家到消费者中间的差价？或者是靠商家会员的月费？又或者是靠销售提点？

这两年人气日益高涨的豆瓣多被业内人士诟病为发展速度缓慢、盈利模式不清晰，而有人却始终看好豆瓣的持续盈利能力。以豆瓣稍微带有一些商业化意味的购书单功能为例，豆瓣的初衷并不是从商务角度设计的，而是将其作为用户在选择、发现、购买一系列流程中的一环。购书单的比价功能也并非如导购网站那样赤裸裸地商业化，其实豆瓣一直和电子商务领域保持着安全距离，帮助用户发现自己想要的，提供多种的渠道。最后，豆瓣很可能会变成电子商务网站的使用伴侣，一个民间的评级筛选系统，发挥着引导用户的功用。当然，结合豆瓣的数千万用户来看，这将是电子商务领域不容忽视的一股力量。

五、现金流

创业的终极目标是获得收益，而收益好坏的直观表现就是现金流状况。对于大多数狂热的互联网创业者来说，财务规划始终是个最令人头疼的事情。当他们有一个自认为绝佳的创业点子时，总会不顾一切地投入其中，直到碰得头破血流时，才会清醒地认识到创业的现实状况。综合考虑现金流结构时，我们需要逐项地考虑以下问题：网站的建设成本是多少？建成上线后的推广成本是多少？需要投入多长时间才可以收回成本？多久可以开始赢利？成长风险多大？如何规避成长风险？

▶第四节 大学生互联网创业◀

本节导读：

互联网创业符合目前发展潮流并有巨大的发展潜力，对于在求职路上处处受挫，但又渴望实现自我职业价值的大学生来说，互联网创业是很好的选择。一些高校也举办互联网创业大赛，引导大学生正确认识互联网创业。大学生具有知识素质的优势，国家也有相关的优惠政策鼓励大学生进行互联网创业。希望学习者可以通过对本节内容的学习，了解大学生互联网创业的优势，并能够走出自己互联网创业的第一步。

一、大学生互联网创业的优势

（一）大学生创业氛围浓厚

党的十九大报告提出，坚定实施创新驱动发展战略，要鼓励青年成长，支持青年创业。大学生创业工作已引起国家的高度重视，各省、市、自治区也积极响应国家号召，广泛宣传国家鼓励大学生自主创业的政策，创建大学生创业孵化基地（创业园），鼓励和吸引大学生积极参与创业，为大学生创业营造了良好的舆论氛围，部分城市更是提出了全民助推创业的发展战略，创业者得到广泛的尊重与支持。目前，在国家逐步加大创业的宣传和支持力度的形势下，一批小微企业、中小企业发展迅猛，在社会创业大氛围的影响和带动下，大学生创业氛围也越来越浓厚，大学生创业得到了社会和家长的广泛认可与支持。

（二）大学生思维活跃，有较强的创新思维

高等教育的任务一方面是传授大学生专业知识、技能；另一方面也是更重要的，就是培养大学生的自主学习能力。大学生具有极强的领悟能力和可迁移能力，自主学习能力也比较强，善于接受和利用新事物，有一定的批判思维，能将所学的知识内化为能力，外化为创造，进而对事物加以改进创新。而且，大学生运用IT技术的能力较强，能够通过互联网获得和发现很多信息，能更快地适应互联网发展潮流，掌握更先进的互联网技术，也能推动互联网技术的变革与创新。同时，互联网创业可以涵盖所有学历层次的大学生，竞争机会均等。而且，大学生自主创业获得成功的典型中，很大一部分是选择互联网作为创业方向的。

（三）互联网创业门槛低、风险小

互联网创业不受时间、地点、条件的限制，前期投入较少，有的项目只需要一台或几台能上网的电脑就可以开展。电子商务迅猛发展，促使人们的消费观念发生了很大的变化，极大地满足了消费者个性化的需求，具有传统消费渠道不可比拟的优势。基于淘宝、京东等电子商务平台的网络创业属于微型创业，创业启动资金要求不高，投入不大。

（四）互联网是全球性大市场，创业机会多，发展前景广阔

互联网是全球一体的，不受时间、地点、区域的限制，应用十分广泛，国内、国外市场连成一体。而且随着互联网技术的高速发展，时间、空间观念不断被改变，在互联网的两端，不需要任何中介，就能将产品和服务信息传送给全球任何一个角落的顾客。同时，随着互联网技术的不断发展，物联网、云计算、云服务等网络技术被广泛应用，依托互联网技术的开发、服务、项目等方面还有很大的市场空间和发展前景，所带来的市场也在不断、迅速地扩大。

二、大学生互联网创业的起步选择

互联网创业第一步很艰难，从自己的痛点做起，从自己的兴趣爱好做起，从自己的专业做起，这三点是最容易起航的互联网创业点。

(一)从自己的痛点做起

互联网创业,从何处起步?从你自己的痛点做起。用户的痛点,就是创业最好的出发点。结合互联网的技术手段,寻找有相同痛点的人,用互联网和移动互联网来解决痛点,就是极佳的互联网创业出发点。

经典案例

抓住用户痛点成功突围

近年来,随着人们的养宠需求日渐提升,宠物行业迅猛发展。数据显示,中国市场仅宠物猫和宠物狗就已超1亿只,2021年时相关饲养人数已达6844万人。

面对激烈的市场环境和行业的进一步发展,养宠人群正在不断年轻化,涌现出大量的年轻化消费人群,对宠物消费持有更加开放的态度,更强的消费意愿和消费能力,构建出宠物经济新的蓝海消费市场。

某新晋宠物品牌,从中探索、洞察,抢占市场先机,联合其代运营服务商某电商展开品牌年轻化布局。结合年轻人群喜好、产品特点,推出站内外多元经营举措,店铺访客数提升至500%,月销售额达38万元,实现经营确定性增长,让品牌焕发年轻力。

(二)从自己的兴趣爱好做起

如果连自己都不爱,又怎么能吸引到互联网的黏性用户?有句话说,业余时间决定你未来的职业生涯。上学、上班做的事常常并非一个人所爱而是迫于生计,但是业余时间痴迷的事却是不给钱甚至自己掏钱也愿意做的事。这个爱好吸引力如此之大,是否存在有相同爱好的人呢?你不妨将个人爱好与互联网社区或互联网产品相结合,做一个聚集所有与你有相似爱好的人的网站。你对他们够了解,因为你就是他们。

(三)从自己的专业做起

互联网创业的特点是有连续性,连接你的用户和你以及和你有相同背景的人。把你的专业放到互联网上去,让所有人参与。你的工作也许是卖保险,做销售,做人力资源,做文员,做律师,做生产检验。无论你过去从事什么工作,都可以试着想一想如何将曾经的专业与互联网结合,服务大众,同时让大众也能广泛参与进来。

> **经典案例**
>
> **专业提供创业底气**
>
> 张馨心曾是一个在法律行业工作十年的人,她深深感到在这个行业里待久了,这个行业的工作像是手工作坊。一方面律师的收入不稳定,寻找客户资源难,竞争激烈;而另一方面,中国有上千万的中小企业,每年还新增上百万家,但90%以上没有请法律顾问,不是没需求而是请不起。一家中小公司聘请一个法律顾问年费用至少3万元。极少数大律师很忙,80%律师很闲,律师与客户间彼此缺乏信任。如何让90%的公司请得起律师,让80%的律师有事做?张馨心结合自己十年做律师的经历开办了绿狗网,为中小微企业提供专业、全方位的法律产品与服务,从咨询律师的"问"开始,到"写"法律文书,"审"法律文书,"打"官司等等,帮中小微企业解决日常的法律问题。家庭个人及企业用户可直接在线上进行法律服务自助交易,用户可以在绿狗网上一站式解决法律问题。张馨心表示:"想做法律界的天猫,用淘宝模式卖法律服务!"

以上三点看似不同,其实有一个共同点,即是你非常熟悉的点,你得熟悉自己的痛点、爱好和自己的专业,比别人了解得都深入,这样才能说服和你有相同痛点的人加入你的网站。

实践训练

分析典型的"互联网+"创业案例

◆ **实践目的**

1. 了解"互联网+"创业中可能出现的问题。
2. 学习成功企业的经验。

◆ **实践流程**

1. 查找案例

通过网络等途径查找创业成功和失败的案例(如饿了么、滴滴打车、悟空单车等)。

2. 分析原因

根据查找到的案例,分析其成功或失败的原因。

3. 小组交流

与小组成员交流你认为的企业成功或失败的原因，然后和小组成员共同讨论写出分析报告。

4. 实践思考

你觉得该如何乘上互联网快车成就自己的事业？

思考与练习

1. 简述"互联网+"的内涵。
2. 互联网发展对网络创业的影响有哪些?
3. 思考互联网创业成败的因素。

参考文献

[1] 李肖鸣.大学生创业基础（第5版）[M].北京：清华大学出版社，2021.

[2] 陈承欢，杨利军，高峰.创新创业指导与训练[M].北京：电子工业出版社，2017.

[3] 钟宇，胡俊岩.大学生创新创业基础[M].北京：北京理工大学出版社，2020.

[4] 廖益，赵三银.大学生创新创业入门教程[M].北京：北京理工大学出版社，2019.

[5] 余林.大学生创业与创业管理[M].北京：人民邮电出版社，2021.

[6] 周俊武.大学生创新创业指导[M].长沙：湖南师范大学出版社，2016.

[7] 焦晓波.大学生创新创业教程：思维、原理与实践[M].北京：人民邮电出版社，2021.

[8] 郎宏文，郝婷，高晶.创业与创新管理[M].北京：中国铁道出版社，2019.

[9] 邓文达，罗旭，刘寒春.大学生创新创业[M].北京：人民邮电出版社，2019.

[10] 刘万韬，王倩，徐海铭.大学生创新与创业教程——理论·案例·实训[M].北京：教育科学出版社，2021.

[11] 范云峰.大学生创新创业实训[M].青岛：中国海洋大学出版社，2019.

[12] 清华大学职业能力发展研究中心.青春无畏 创业无悔——大学生创业指导案例集[M].北京：化学工业出版社，2019.

[13] 石智生，张海燕.大学生创新创业教程[M].北京：人民邮电出版社，2019.

本作品中文简体版权由湖南人民出版社所有。
未经许可，不得翻印。

图书在版编目（CIP）数据

大学生创新创业指导 / 谢剑虹主编. —长沙：湖南人民出版社，2024.2
ISBN 978-7-5561-3300-0

Ⅰ.①大… Ⅱ.①谢… Ⅲ.①大学生—创业—教材 Ⅳ.①G647.38

中国国家版本馆CIP数据核字（2023）第145097号

DAXUESHENG CHUANGXIN CHUANGYE ZHIDAO

大学生创新创业指导

主　　编	谢剑虹
责任编辑	杨丁丁　文志雄　肖贵飞　李妤霏
装帧设计	杨　凯
责任印制	肖　晖
责任校对	张命乔

出版发行	湖南人民出版社［http://www.hnppp.com］
地　　址	长沙市营盘东路3号
邮　　编	410005
经　　销	湖南省新华书店
印　　刷	湖南志翔印务有限公司
版　　次	2024年2月第1版
印　　次	2024年2月第1次印刷
开　　本	787 mm×1092 mm　1/16
印　　张	16.75
字　　数	310千字
书　　号	ISBN 978-7-5561-3300-0
定　　价	45.00元

营销电话：0731-82221529　　　（如发现印装质量问题请与出版社调换）